MOVIMENTO, LOGO EXISTO

HEBERT MOTA

MOVIMENTO, LOGO EXISTO

De carregador de caixa de som
a empresário internacional

© 2019 - Hebert Mota
Direitos em língua portuguesa para o Brasil:
Matrix Editora
www.matrixeditora.com.br

Diretor editorial
Paulo Tadeu

Edição de conteúdo
Joyce Moysés

Capa, projeto gráfico e diagramação
Allan Martini Colombo

Foto da capa
Vitor Santana - vitor@a21films.com

Revisão
Silvia Parollo

CIP-BRASIL - CATALOGAÇÃO NA PUBLICAÇÃO
SINDICATO NACIONAL DOS EDITORES DE LIVROS, RJ

Mota, Hebert
Movimento, logo existo / Hebert Mota. - 1. ed. - São Paulo: Matrix, 2019.
144 p. ; 23 cm.

ISBN 978-85-8230-549-2

1. Mota, Hebert. 2. Empreendedorismo. 3. Sucesso nos negócios. 4. Narrativas pessoais. I. Título.

19-56860

CDD: 650.1
CDU: 005.336

Vanessa Mafra Xavier Salgado - Bibliotecária - CRB-7/6644

Aos meus professores
Euda, Valdenor e Tio Dio *(in memoriam)*.

SUMÁRIO

PREFÁCIO
Um filho vai nascer (por Seu Jorge) 9

INTRODUÇÃO
Eu aprendi cedo que 1 + 1 = 3 13

PARTE 1
Ligando a chave do movimento 23

PARTE 2
Incomodação: os acomodados que se movam 51

PARTE 3
O exercício do tempo, nosso maior luxo 71

PARTE 4
Com responsabilidade, mais oportunidade 89

PARTE 5
A essência de um negócio 109

PARTE 6
No final é isso, a sensibilidade do seu coração 129

PREFÁCIO

UM FILHO VAI NASCER

Por Seu Jorge

O Hebert que eu conheço vive articulando projetos com músicos e outros artistas, sempre muito interessado e participativo nos trabalhos da turma, movimentando a esfera cultural. Ele tem essa mobilidade e essa facilidade de transitar entre as pessoas – e isso se assemelha bastante com a minha maneira de ser. A forma de nos expressarmos até muda, pois nossas carreiras têm objetivos diferentes, mas o pensamento é semelhante.

Hebert é um homem de comunicação também, um empreendedor de alto nível. E por que não pensar no Brasil? Temos de incentivar o empreendedorismo em nosso país. Uma das minhas funções é levar a todos os cantos do mundo a nossa cultura e fazer com que o Brasil seja um lugar atraente para negócios. Hebert pensa igual. Em nossas conversas, falamos muito sobre o potencial brasileiro, porque o conhecemos. Assim como sabemos que há interesse do mundo...

Eu posso dizer, por experiência, que o mundo inteiro torce pelo Brasil. Personalidades brasileiras, ao longo da história, têm conquistado admiradores em dimensões globais. O lutador Anderson Silva é uma dessas personalidades: desenvolveu uma carreira brilhante, tornando-se um símbolo do seu esporte. Hebert viveu tudo isso e, enquanto trabalhou com o atleta, amplificou essa admiração.

A propósito, o brasileiro já carrega uma admiração muito natural (não sei se) por causa da nossa localização geográfica privilegiada ou pelo aspecto da nossa cultura. Fora o fato de sermos um povo que resulta da mistura de praticamente todos os outros. Cabe a nós termos uma plataforma de expressão firme, confiança naquilo que fazemos para que sejamos mais bem percebidos e interpretados.

Hebert está certo quando afirma que cada um precisa respeitar suas limitações e expandir suas virtudes, investindo em autoconfiança e buscando um aprimoramento que não para nunca. Quando há esse compromisso, fica difícil as pessoas no entorno não perceberem a sua evolução. O mundo de hoje é bastante voltado para a conectividade e a interação. Com isso, as pessoas estão muito mais perto umas das outras.

Dentro daquilo que o Hebert faz, ele é um grande aglutinador – de uma maneira muito transparente e autêntica. Importante dizer ainda que seu nível de foco e concentração é extremamente alto. Ele é um cara disciplinado, e tudo isso faz a diferença em seus vários êxitos.

Para as coisas saírem como planejamos, temos de combinar uma série de fatores e fazer com que essa série de fatores se desenrole da maneira que idealizamos. Há de se lidar com o tempo de maturar, de construir e de conceber. Como eu olho para o tempo à frente que virá, fico procurando saber se as coisas estarão alinhadas com o que eu estou fazendo agora.

É muito importante manter-se realizando, criando ou simplesmente refletindo no tempo de agora, mas observando as transformações que vão desencadear no tempo de amanhã. Na minha vida, essas transformações se dão o tempo inteiro. São elas, e não exatamente o meu tempo, que determinam o que vai acontecer no futuro.

Eu acredito que ter essa atenção é muito mais importante para chegar ao seu objetivo. Muitas vezes, você nem consegue transformar essencialmente. Mas precisa que as coisas se transformem primeiro para conseguir atuar naquilo que valoriza e dar seguimento. Hebert também entende bem isso. E demonstra na sua fala, na sua paciência, nas palavras que coloca neste livro.

A paciência é um instrumento valiosíssimo quando bem utilizado, na hora adequada. Tem coisas que demandam nossa energia, precisão, astúcia, mas há outras que demandam paciência, espera, muita observação. Quando isso acontece é porque existe um processo de transformação; e não há nada que se deva ou possa fazer para encurtar esse tempo. Um filho vai nascer. Pode até vir prematuramente, com sete meses, mas todos nós sabemos qual é o tempo adequado. São nove.

Hebert é um amigo que sempre me prestigiou. Fico feliz por prestigiá-lo no nascimento de mais este projeto.

Seu Jorge, músico dos pés à cabeça, cantor, compositor, instrumentista e produtor nato. Também é ator e faz trilhas para o cinema.

INTRODUÇÃO

EU APRENDI CEDO QUE 1 + 1 = 3

A minha ligação com o basquete vem desde a infância, por crescer admirando Michael Jordan e todos os jogadores dessa época, como Magic Johnson. Mas um dos meus maiores modelos de foco e determinação surgiu na geração do Los Angeles Lakers após a era Magic Johnson. O nome dele é Kobe Bryant. Já adulto, eu tive a honra de conhecê-lo.

Foi em Las Vegas, num encontro intermediado pela Nike para apresentá-lo ao lutador Anderson Silva – naquele ano de 2012 eu agenciava o atleta. Batemos um papo profundo sobre a vida, e eu tive a oportunidade de falar que estava acompanhando a persistência absurda dele de enfrentar várias lesões, voltando a jogar com aquela garra de sempre.

Passado um ano e pouco, lá estava eu, sentado na quadra do Staples Center, em Los Angeles, com a minha esposa, vendo-o jogar maravilhosamente e querendo cumprimentá-lo depois.

– Sou convidado do Kobe Bryant – eu disse a um funcionário da arena no Staples Center, que duvidou e quis me impedir de ir à direção do *locker room* (vestiário) para rever essa lenda do esporte mundial que tanto me inspira.

Mas logo o segurança do próprio jogador se aproximou e me resgatou da quadra. Ele me levou para o local, que é como uma sala de celebração,

onde convidados, familiares e imprensa se encontram com os astros da NBA, a liga americana de basquete, e avisou:
— Aguarde aqui, que ele quer vê-lo.

Depois de uns dez minutos o Kobe surgiu, de moletom. Eu apresentei a minha esposa e obviamente agradeci pelos ingressos que nos possibilitaram uma experiência única. Ele pediu desculpas por não ter conseguido nos dar uma vitória naquele dia.

De fato, seu time perdeu por uma diferença muito pequena. Isso não tirou o brilho da sua apresentação. Kobe tem um amor incondicional pelo jogo e lutou até o último segundo para virar o placar. Foi sensacional ver de perto **quanto é importante lutar pelas nossas vitórias – mesmo que a circunstância esteja negativa, que as dificuldades sejam aparentes.** O jogo só acaba quando termina, não é?

Prevendo que o Los Angeles Lakers ia perder, Kobe poderia ter escolhido sentar no banco de reservas, e assim poupar a sua imagem e a chance de sofrer mais uma lesão. Mas jogar a toalha ou pensar "vou com o que tem, então", reduzindo o esforço, abrindo mão de dar o melhor, não é uma opção para quem se conhece e sabe o que quer (vencer).

Quando você enxerga uma base menor de retorno, fica tentado a entregar menos. Esse ala-armador, considerado o segundo maior nome do basquete mundial, demonstrou o contrário. Ele abraçou a missão de ganhar de novo e de novo, recebendo um salário e a responsabilidade com seu clube, seus fãs, seu negócio.

Não interessava se ele é um dos atletas mais famosos da franquia da NBA – ele obteve, em 2006, a segunda maior pontuação de todos os tempos (81 pontos em jogo contra o Toronto Raptors). O que importava era continuar batalhando até o último segundo de cada jogo. E consciente de que o time inteiro precisava do esforço e talento dele para superar qualquer rival.

Aquele cara na minha frente, com tantas superações na vida pessoal e profissional conhecidas por todos, não teria culpa de nada e jamais precisaria se desculpar pelo resultado negativo em questão. Todo mundo já o reconhecia como vencedor. Mas ele sempre teve essa postura de fazer o melhor – ao ponto de brigar com a bola, o juiz, o técnico e com outros colegas estrelados para que seu time competisse em nível máximo.

Também vieram as fraturas e a visão da hora de parar, em 2015. O último jogo do Black Mamba (a cobra mais mortal do mundo, apelido que ele ganhou desde o filme *Kill Bill* e adorou, aproveitando em seu merchandising) foi histórico, com a presença de todos os grandes atletas da NBA.

Kobe me deu um exemplo de superação gigantesco. Foi fiel ao Los Angeles Lakers mesmo quando não contava com um grande time. Lutou mesmo quando despontava a geração de outra fera, LeBron James, no Miami Heat, com bastante sucesso. Grande Kobe Bryant! Deixa um legado de determinação, foco e raça tão necessário a todos nós.

Naquele encontro, após o espetáculo, essa lenda do basquete foi professor na matéria humildade. Kobe me respeitou, não apenas como um fã que foi vê-lo jogar, mas como um profissional tão focado e determinado quanto ele. Kobe também respeitou a minha história, que começou em um morro da periferia e tomou um impulso enorme quando eu decidi me movimentar.

Portanto, um dos objetivos deste livro é motivar as pessoas que se encontram em situação semelhante a se movimentarem e conquistarem sucesso na vida – entendendo que podem criar objetivos além de ser jogador de futebol. Nada contra essa escolha, só não pode ser o único horizonte de um menino pobre, a menos que tenha parte do talento do Neymar.

A comunicação de massa falha quando reforça o viés do "coitadismo". Eu trabalho nesse meio e fico chateado com a visão míope que ainda temos da diversidade. Existe hoje uma maneira de manipular as pessoas, considerando que estão fazendo o bem. Falo das campanhas no estilo "olha como nós somos democráticos, diversificados; gostamos das mulheres no poder, do negro engravatado, do rapaz que entra na faculdade estudando com livros que pegou do lixo!".

Isso passa a mensagem politicamente correta de que todos nós somos capazes. Mas, na prática, se for branco, loiro e de terno andando pelo shopping é executivo, e se for negro é segurança. Temos que tomar cuidado. Quando palestrei em uma multinacional do ramo alimentício, falei sobre o que está errado na comunicação sob o ponto de vista social e cívico. Transcrevo o trecho abaixo:

... *Imagine um banco que mostra na sua campanha publicitária uma típica dona de casa da periferia. Pouco tempo depois, o tal banco abre uma agência dentro da favela, mas não dá crédito à dona de casa que mora ali ao lado, quando ela vai lá pedir. E se essa mulher for caminhando até uma agência num bairro mais nobre, talvez nem consiga entrar e seja barrada pela sua aparência. Esse banco quer parecer inclusivo, empenhado em melhorar o país etc. Mas consegue ser ou está só fazendo "marketing da diversidade"? Vocês não podem aceitar isso...*

Terminei a palestra sugerindo uma diversidade de verdade, acima de tudo. Na maioria das vezes, as personalidades de sucesso, a exemplo de Kobe Bryant, são oriundas do entretenimento, do esporte, da arte. A diversidade vai ocorrer de verdade quando exemplos de profissionais bem-sucedidos estiverem também na Física, na Matemática, no Direito, na Medicina, nas *startups* milionárias de tecnologia. Enfim, no cotidiano. O ganho será de todos.

O que fica é o que a gente gera

Escolhi contar nesta introdução meu momento mágico com o Kobe Bryant porque temos a mesma idade (somos de 1978) e encaramos a vida não para fazer simplesmente 1 + 1 = 2, mas sim para gerar uma terceira coisa maior.

Para explicar essa conta de um jeito simples, digamos que eu seja o melhor vendedor de obras de arte, mas não sou o melhor artista para pintar. Então, procuro o melhor artista do mundo, e juntos montamos um negócio de sucesso, no qual cada um usa melhor a sua habilidade. E assim temos um resultado bem melhor, gerando um multiplicador.

Portanto, preciso saber quem eu sou e o que faço bem, assim como reconhecer que não tenho que tentar ser aquilo que não sou, e sim buscar quem me complemente. Pois quando eu encontro você, que é bom em

MOVIMENTO, LOGO EXISTO

pintar, geramos uma coisa maior, que é o 3, em vez de uma soma de mais do mesmo, que resultaria num morno 2.

> **Isso é movimento, que faz parte do jogo de basquete e da vida. Tem um monte de gente precisando do meu movimento e do seu movimento, porque os dois geram mais movimento ainda. De pessoas. De energia. De negócios.**

Um pinta, outro moldura, você vende. É um ciclo. Dividir é sinônimo de colaborar, e, mais do que somar, todos vão multiplicar. Talvez aí esteja a importância que o mundo dos sinais dá à forma do triângulo: 1 + 1 = 3.

É uma engrenagem competitiva, e ao mesmo tempo colaborativa, que não pode parar. É a economia do trabalho, que faz girar novas experiências e formar experts ou até lendas do calibre de Kobe Bryant. Ele se movimenta e impulsiona o movimento do time para movimentar o placar (e levar a plateia à loucura!) e gerar excelentes negócios com esse resultado.

Para que eu, Hebert, gere negócios, alguns movimentando cifras milionárias, ligados à comunicação e ao entretenimento, abro mão de querer resolver o jogo sozinho, foco no meu ótimo e me alio a quem faça o seu ótimo muito bem. Se cada um cumprir 100% da sua parte, vamos ganhar dinheiro, credibilidade e amigos – pois todo mundo gosta de ficar perto de quem está bem. E, principalmente, colaboramos para uma sociedade mais dinâmica, inclusiva, que progrida do ponto de vista econômico e também social.

Para Kobe fazer o sucesso dele, trabalhava fazendo o do time, brigando pelos 100% de aproveitamento das jogadas, movimentando assim um negócio grande impregnado naquela bola. Ele não deixava passar uma cesta, não queria perder nada. Além da gana de vencer, tinha uma relação de entrega que beneficiou muita gente, especialmente a mim.

Não adianta eu ser um empresário bem-sucedido somente para ganhar muito dinheiro. Se eu não me movimentar nem ficar onde eu

17

possa movimentar outras coisas e pessoas, para gerar algo maior, não vou deixar nenhum legado. E posso desaparecer – ou ver um filho torrando tudo que eu conquistei. Pior ainda é se eu acabar preso caso pegue atalhos duvidosos.

O que Kobe Bryant deixa a quem quer ser um vencedor como ele: que olhar somente para ter mais ou menos sucesso, mais ou menos dinheiro, por si só, não é nada. Ele movimentava o time, os torcedores e os patrocinadores com sua lição de perseverança.

Quando você olha para uma jornada de sucesso, como a desse atleta, percebe que, mais do que qualquer coisa, ela se movimentou, definindo um projeto, redefinindo, mudando, aprimorando, trazendo as pessoas que agregariam 100% a esse projeto – e trocando-as se necessário. "A oportunidade só procura quem está em movimento" é uma frase muito interessante.

Então, quando eu vi o Kobe se movimentando na quadra e pedindo para o time fazer o mesmo, ele estava cavando a oportunidade de ganhar o jogo. É o que Black Mamba representa mesmo hoje, longe da quadra. É e sempre será alguém que fez por merecer o sucesso que tem. Imaginá-lo parado é impossível. Ainda bem.

Conectando o tempo todo

Recentemente, participei de um café da manhã com um profissional recém-saído de uma grande agência de publicidade, que me procurou. Ele me disse o seguinte:

"Cara, sabe o que mais me impressiona em você, e por isso eu quis sair daquele lugar? É que todo mundo com quem converso é muito 'eu, eu, eu', e você trouxe um 'nós'".

Óbvio, 1 + 1 = 3. Ele tem ótimos contatos com várias agências, ou seja, tem relacionamento com algumas áreas e pessoas que me interessam. Eu respondi que, se ele me trouxer o cliente, eu monto um negócio maravilhoso e dividimos o lucro. Coletividade. Juntamos nossas experiências e vamos beneficiar artistas, atletas, profissionais no entorno, o público.

Às vezes esse movimento começa com um telefonema, quando eu digo a alguém do outro lado:

"Que ótimo, eu conheço a pessoa do lado de cá que pode gostar da nossa proposta".

Gosto de brincar que nosso corpo é composto de partes, e cada uma faz o seu dever para o organismo todo caminhar bem. Tem gente que nasceu para ser cérebro, outro para ser mão, e há aquele que será pé. **Não existe ninguém que junte todas as expertises. Nem se tivesse nascido em Harvard. Só que o mercado, cada vez mais, quer uma solução completa.**

A alma do meu negócio é completar as coisas. Eu completo o interesse de um lado com o interesse do outro, criando uma coisa maior, interessante a mais pessoas, que pagarão por isso. Por exemplo, produzindo um show, viabilizando uma campanha publicitária, provando que vale a pena transformar determinado livro em filme.

Em uma definição, ajo como um conduíte. Eu sou muito bom em juntar quem é bom naquilo com quem é bom naquilo outro, para gerar uma terceira coisa de valor. Por isso mesmo, o nosso encontro neste livro não é para impressioná-lo com a minha história e nem com os negócios e amigos famosos que já fiz.

O que importa é o que a gente vai gerar a partir dessa conexão. Tomara que este exemplar passe por outras mãos ou tablets para ampliarmos o que vamos discutir nos próximos capítulos sobre a importância do movimento, do tempo, da incomodação e da responsabilidade pela vida que escolhemos ter. Também vou contar sobre meus aprendizados na arte de fazer negócios globalmente.

Enquanto eu escrevia esta introdução, já imaginava chegar ao último capítulo, olhar o livro inteiro com o time que participou dele e comemorar: "Uau, como construímos isso?". Eu estou adorando poder me expressar, porque funciono como uma célula que precisa se unir a outras para fazer acontecer.

Já me disseram que eu me coloco lá na frente, e essa é uma habilidade necessária a quem faz negócios, só que acham difícil me acompanhar. Isso porque a essência de um negócio não é o que eu tenho. É o que eu faço. É não. Ou sim. Mas nunca "talvez". Nunca "vamos ver" ou "vou pensar". Porque eu me conheço e sei o que quero realizar.

É um desafio e uma vitória ter a minha agência conectora de negócios, com equipe globalizada que vive e respira entretenimento. Além disso, sou sócio-diretor de um estúdio especializado em produzir áudios para o mercado publicitário. Transito com flexibilidade no escritório onde o ator Robert de Niro trabalha em Nova York, já fiz reuniões de negócios com o happer Jay-Z, e quando estive na casa de um sheik em Dubai eu vi o que é ser RICO.

Ao mesmo tempo, continuo cortando meu cabelo no Sanders, que fica na periferia onde cresci, e vou a rodas de samba na laje. Porque mantenho a minha identidade, mas sempre mudando a minha realidade. Eu mudo de lugar, mas nunca quem sou.

Eu olho para minha vida e avalio que estou construindo minha estrada com solidez e não com espuma. E ela vai ser superbacana para várias pessoas caminharem nela, porque dar é uma forma de movimentar energia para receber. Eu sou um trem levando vida, amor, paz, oportunidade, energia positiva, Deus e tudo mais que seja em favor do ser humano. E eu estou só na metade do caminho desse destino.

Valorizo o dinheiro, o status, o conforto, os amigos, os negócios que conquistei até aqui, tendo nascido pobre e mantendo meu sobrenome de família de escravos negros brasileiros (essa história eu vou contar mais adiante). O dinheiro me dá acesso, não me dá felicidade. Ele é meio, não fim. E o acesso que eu conquistei veio dessa minha estrada de mais de vinte anos nos mercados artístico e esportivo.

Valorizo ainda mais o tempo, pois hoje é rico quem cuida muito bem do seu pote de horas. Como eu tenho muito asfalto a percorrer pela frente, não gasto dinheiro e energia à toa. Preciso pavimentar mais, planejar, saber quando e como acelerar. Não poderia fazer um livro na correria porque ficaria ruim. Esse tempo, esse processo, é uma determinação de rota. E muita gente não está atenta a isso, perseguindo somente dinheiro e fama, sem estar 100% bom naquilo que faz.

Conquiste o que você quer

Você nasceu de um sonho. Qual é a sua meta? Se ela está clara, agora vá escolhendo bem os seus parceiros. Persistência, determinação, garra, sofrimento, luta. Está indo em direção à sua meta? Se sim, continue nessa busca incessante por aquilo que determinou. Não faça como a maioria, que se cansa, se perde, se enrola. Continue nadando. Tem certeza do que está fazendo? Ah, está em dúvida? Dúvida de quê?

"Putz, cara, pera aí. Deixe-me ver... Vamos por aqui. Se ficarmos parados (nesse emprego, nesse casamento, nessa vida, nessa amizade), o 'tubarão' vai levar uma perna ou o corpo inteiro", essa é a sua resposta.

Até que você chega. Aí pensa: "Ainda bem que, naquela hora, eu duvidei. Ou teria morrido". Você agiu com consciência e intuição, mudou e acertou. Praticamente uma sorte na vida. Apenas demorou mais e precisou colocar mais fôlego. A vida é feita de erros e acertos, surpresas e imprevistos, embora a gente veja um monte de enganadores fingindo ter voltado do futuro para nos contar.

Há quem não reveja seus conceitos, não aprende a aprender e insiste no caminho errado. Por que você foi para lá se aquele caminho parecia sombrio? Por que você fez o que fez da sua vida? O fácil não existe para quem nasceu sem condições básicas, ou até privilegiadas, e viu, como eu durante a infância, alguns amigos perderem a vida no crime; e outros morando até hoje no mesmo lugar, na mesma casa inacabada, com tijolos expostos, sem terminar uma reforma que já ultrapassa vinte anos.

A grande maioria da população tem estrada para andar se quiser conquistar desde um celular até uma casa. Não espere que alguém dê algo a você, até mesmo amor. Conquiste o que você quer. Ainda dá tempo. Todo ser humano nasceu debaixo de um mesmo sol. Portanto, tem sua própria luz, sua própria história para contar. Tem seu próprio valor. E todo mundo sofre. Dor de barriga dá em rico e dá em pobre.

Vou compartilhar as várias decisões que me trouxeram sucesso, e também as lições que tive das iniciativas que não resultaram naquilo que eu queria e merecia. Mas elas me ajudaram e muito a corrigir as minhas falhas e limites para seguir nos meus propósitos. Com isso, desejo inspirar mais pessoas a entenderem quem elas são, o seu "CPF", e a se movimentarem, saindo do ciclo da pobreza material e de espírito. Para, finalmente, crescerem na vida e no "CNPJ". É possível virar gente grande sendo você mesmo.

Boa leitura!

PARTE 1

LIGANDO A CHAVE DO MOVIMENTO

Todo mundo pensa que só existe uma coisa, uma porta, uma janela. Há muito mais além disso. Todo mundo sofre. E é só quando dói na alma que o ser humano entende que precisa se mexer, descobre como se movimentar e faz movimentar coisas em seu favor – mesmo sendo em favor dos outros também.

    Enquanto vivemos, nossos órgãos se mexem. O sangue corre e a mente viaja no além. Deus nos fez para estarmos em constante movimento. Por isso, temos habilidades motoras e intelectuais. E esse tem sido o grande desafio da nossa geração, porque a cada dia que passa estamos aceitando um modelo de vida no qual ficar parado é melhor, é menos arriscado, é mais confortável.

    Ficamos apenas querendo ganhar mais benefícios, para consumir mais e nos movimentarmos menos. Com isso, criamos menos e mal sabemos o que queremos e quem somos. Certa vez, em um almoço com o narrador Galvão Bueno, ele disse: "Não basta ser rico, tem que saber ser rico". Muitos vivem dizendo que precisam ser ricos, ter mais dinheiro, mas nem sabem para que e para quem.

    Gosto de dizer que a vida é como uma curva, não tem como dar ré. Se quiser tentar, vai ser muito complicado e atrasar sua viagem. Minha sugestão: utilize as habilidades que sabe que tem e vá em frente. Sempre que – e se – precisar, faça um retorno, mas siga em frente. Se falhar, que seja porque está indo para a frente, sempre adiante.

Mas cuidado para não ficar rodando em círculos, numa eterna curva, ou poderá acabar rodando, rodando e permanecer no mesmo lugar. O segredo é transitar pelos movimentos existentes. Acredite, a magia do desenvolvimento dos negócios está em se movimentar. Todos nós precisamos acordar para isso.

A oportunidade só procura quem está em movimento

A história que vou detalhar ao longo destes capítulos é a de um garoto que decidiu não apenas sonhar, mas enxergar além da janela da casa muito simples que construiu, tijolo a tijolo, com o pai. Hoje vivo um novo momento de IR ALÉM, aproveitando os valores e as relações que eu construí nos últimos quarenta anos. Estou preparado para um salto ainda maior e quero convidá-lo a vir comigo.

Sou um *conector*, um concentrador de oportunidades, e o meu trabalho é gerar resultado para qualquer tipo de negócio nas áreas da comunicação e do entretenimento, enxergando aquilo que a maioria não vê. Para isso, eu crio vários movimentos (dos contatos, ideias, circunstâncias, patrocinadores, geração de valor daquilo ou de quem estou vendendo...) que vão me levando até um ponto decisivo do fechamento. Com aperto de mãos, contrato assinado, dinheiro entrando e negócio sendo concretizado.

Como esse é o meu dia a dia, digo e afirmo que só consigo ter movimento quando eu entendo que:

- Sozinho eu não chego a lugar nenhum. Preciso de pessoas, logo eu movimento e me conecto a elas.

- Nossa relação com a sociedade (como cidadãos) é apenas o veículo de uma verdade que precisa se basear, sempre, na premissa de fazer dar certo. É o que os poderosos de negócios chamam de *make it true*.

O meu *make it true* foi ter aceitado o desafio de sair de um trabalho fixo como office boy, na adolescência, para arriscar no show business.

Embora o trabalho me desse carteira assinada e, portanto, respeito dos policiais por ser um garoto "trabalhador", topei carregar caixas de som e cheguei a ser produtor internacional.

É um universo fascinante, mas também instável, porque a garantia de trabalho só existe se você é chamado pela empresa, banda ou artista. Quer dizer, você depende de ser excelente no que faz, mas também depende da bela voz de um cantor, que a qualquer momento pode decidir não querer sair em turnê.

Outro *make it true* foi eu não ter ficado no bairro da periferia onde meus pais tinham uma casa. Foi uma decisão de risco me casar e já assumir os custos de alugar moradia num bairro melhor, em vez de usar aquela já garantida. Foi porque eu foquei em fazer dar certo. Afinal, meu pai conseguiu realizar seu sonho de se formar advogado depois de adulto, criando três filhos em épocas muito difíceis da história do Brasil, e eu sempre o tive como exemplo.

Fui construindo oportunidades, pontes, que me transportaram de um emprego regular, no entorno da periferia, para atuar como *freelancer*, ganhar o mundo e me tornar um empresário e CEO, fazendo exatamente aquilo que adoro, que combina comigo e que sei fazer bem. Quantos podem dizer isso?

Tijolo por tijolo, areia e pedra

Eu não me esqueço de uma reunião de família, que fazíamos uma vez por mês. Minha mãe vendia roupas em lojas populares e meu pai era metroviário. O irmão mais velho já trabalhava, então minha irmã e eu, que só estudávamos, tínhamos de assumir os afazeres da casa. Nós dois brigávamos, porque ela bagunçava as coisas que eu arrumava. Chegamos a discutir à mesa, e eu, por volta dos meus 12 anos, me posicionei:

"Não está certo. A Érica pega o chocolate em pó e larga na pia, depois que eu arrumei toda a louça".

No calor da discussão, subi as escadas enquanto falava, bravo:

"Eu vou vencer na vida. Não porque não gosto de ser pobre, mas porque não posso aceitar que tenha de ser assim. Eu vou mudar isso. Vocês vão ver!".

Eu queria trabalhar, igual ao meu irmão três anos mais velho. Comecei, então, a entregar marmitas no centro da cidade. E aproveitava para perguntar nos lugares onde precisavam de office boy. Fui preenchendo fichas nos escritórios que encaminhavam para empregos básicos, tirando minha primeira carteira de trabalho aos 14 anos.

Foi como uma carta de alforria. Até porque ela me livrava de não apanhar da polícia na rua. Servia para, na periferia, indicar que eu não era vagabundo.

– O que você faz, moleque? – me perguntavam nas batidas policiais.
– Trabalho!

A família toda morava na Vila Americanópolis, no Jardim Miriam, zona sul de São Paulo, o segundo maior bairro do Distrito Cidade Ademar. Antes, morei onde eu havia nascido. Foi em outro bairro da zona sul, na Vila Campestre, e com 5 anos de idade mudamos para a Cohab de Itaquera, onde meu pai comprou um apartamento. Ficamos nesse bairro entre os anos 1984 e 1987, bem na fase de hiperinflação no país.

Em 1986 meu tio faleceu, e os quatro primos do município de Santo André foram morar conosco em Itaquera. Imagine a situação: cinco crianças e dois adolescentes (uma prima e meu irmão mais velho). Tive que crescer e me virar com aquilo de algum jeito. Fora as lições práticas de finanças. Como dividir uma Coca-Cola com tanta gente?

Não era nada confortável, mas isso me fez desenvolver a habilidade de socializar. Estou agora me lembrando de uma cena ainda do tempo na Cohab: os meninos vieram brigar comigo porque eu era novato, mas meu irmão me defendeu. Depois de um tempo eu já era amigo de todos esses caras. Todos. Que louco isso, ser amigo das pessoas que poderiam me fazer mal!

Naquela época não se falava em *bullying* e também não havia ninguém para nos defender além de nós mesmos. Se eu ouvisse esse termo, teria que pensar "vamos lá, com *bullying* mesmo". Era uma "primaiada" reunida e feliz, que dividia as camas com a tia Nete, moradora do segundo andar do mesmo prédio.

Minha família sempre teve essa união. Tanto que meu pai ajudou a minha tia Eliana e seus filhos a recomeçarem suas vidas. Essa mulher é uma guerreira também. Aliás, tenho tios e tias que me ajudaram muito a entender o que é família e responsabilidade. Sou grato a eles por terem sido modelos de família.

Meu pai vendeu o Corcel 1 para comprar uma casa de três cômodos na zona sul. A ideia era reformá-la para acomodar melhor todo mundo, já que o terreno era grande. No meu canal do YouTube postei um vídeo em que levo um amigo, que já foi diplomata na embaixada americana do Rio de Janeiro, para conhecer essa casa, que fomos ampliando, ampliando.

Essa casa teve um papel importante na minha vida, pois eu ajudei a construí-la aos 12 anos. Em vez de derrubar uma parede com marreta, tirávamos cada tijolo baiano dela para limpar e reutilizar; isso era possível porque era de barro e com pouco cimento. Drywall de pobre, sabe? Não era consistente como a de concreto. Meu irmão e eu voltávamos da escola com a tarefa de desmontar paredes e guardar o material.

Meu pai comprava mais tijolos, além de areia e pedra, e a gente tinha que colocar tudo pra dentro do quintal. Por estarmos numa ladeira, a água da chuva desceria empurrando o que encontrasse na rua. E havia o risco de alguém pegar "emprestado" para levantar outra casa e nunca mais devolver.

Portanto, tecnicamente, fui um adolescente ajudante de pedreiro, mas eu me divertia e sentia orgulho de mim mesmo por ter ajudado a construir o meu quarto – só meu, não era de ninguém. Não era trabalho. Era investimento, com os aprendizados principais de organização e responsabilidade.

Meu pai não tinha dinheiro para pagar pedreiro. Eram os amigos dele que ajudavam, além da família. A ordem era reaproveitar ao máximo o material, numa lógica de consumo consciente.

Empatia e espírito de Hobin Hood

Comecei a aprender a valorizar um negócio dentro de casa quando tive meu primeiro emprego, aos 13 anos. Meu pai me chamou e disse:

"Você vai ficar responsável pela conta de água. Seu irmão paga a de luz. Não que eu precise do seu dinheiro, mas quero que saiba desde já que, para viver, há custo".

A rua também me ensinou muito, só que de outra forma: vendo o comércio de drogas de perto, nas esquinas. Faz parte da minha história. Não posso negar que ficava observando a maneira como os traficantes lidavam com o que não era deles.

Há uma frase famosa nos Estados Unidos que diz: "Never get high on your own supply" (Nunca fique louco com aquilo que te sustenta). Por que eu consigo hoje não me empolgar com os artistas? Por que eu não fico empolgado com quem é famoso? Assim como eu vi as pessoas que vendiam aqueles produtos não se viciarem.

Quando você ainda é uma criança na periferia, tem como referências os seus pais – que trabalham muito, e *male male* você os vê. Tem ainda a televisão, que ensina a consumir o que você não consegue comprar. E, principalmente, tem a rua.

> **A rua é onde você faz um MBA prático de gerenciamento dessa vida que mais parece uma selva.**

Tive de aprender dinâmicas específicas, como descer pela porta de entrada do ônibus para sobrar um passe. Muitos motoristas fechavam os olhos, por entenderem que éramos muito prejudicados e merecíamos não pagar para o sistema. Olha que louco isso! Robin Hood sobre rodas.

O raciocínio é o de pagar quem tem como pagar. Mas o certo seria o motorista pensar: "Não, se você não pagar, eu vou ser mandado embora, porque a empresa vai quebrar". Só que é um ser humano, morador da periferia, trabalhando para outros como ele. A tendência a ceder é maior.

Para dar mais exemplos, essa habilidade é forte tanto dentro da cadeia quanto na venda do seu Isaías, onde o comprador diz: "Ah, anota aí!". Não é preciso ter departamento de cobrança. As pessoas pagam, porque elas têm que passar todo dia ali e não querem ficar devendo a uma pessoa. Pegou açúcar ontem, paga hoje.

Ao transitar por vários públicos, dos pobres até os que não sabem o que fazer com tanto dinheiro, passando pelos famosos de bolso furado, você percebe que a empatia é maior quanto mais se aproxima da periferia. Por que estamos vendo tantos treinamentos no meio corporativo para ensinar a habilidade? Sempre que palestro para grandes empresas, falo que essa palavra do momento, empatia, sempre existiu entre os discriminados.

O perigo é que pobres de mãos dadas viram ONG, dividindo o que têm, que é cada vez menos. Empatia demais pode fazer com que o outro nunca melhore, quando não vem junto com o movimento para sair desse ciclo. Não é errado dividir. Só que eu disse "não tenho" quando minha irmã ligou pedindo R$ 50. Por mais que pareça rude, considerando que eu gasto dez vezes mais em um almoço de negócios, preferi educá-la a ir atrás dos seus objetivos. Sofrer e lutar por eles.

Se não quebrar esse ciclo de assistencialismo e de vitimismo, a gente não vê desenvolvimento. Porque a pessoa transita dentro de um mesmo território, ganhando confiança, conforto e credibilidade. Quando se afasta, "pimmmm!", pisa num outro mundo e se sente vulnerável.

Você quer quebrar barreiras e propõe:

"Caramba, vamos nos juntar?".

Não! E aí esse cara daqui não sabe como lidar na velocidade dali e esse cara dali não entende os valores daqui. Brotam conflitos, estranhamentos, intolerância, preconceito.

Quer dizer, se você se movimenta somente num mesmo círculo, se autoalimentando só dos mesmos papos, hábitos e horizontes, evolui pouco. E essa limitação acontece com gente que só convive com ricos. Ou só convive no meio artístico. Ou só na periferia. Nesta última, como sempre digo, vira ONG.

Então, é interessante ficar ligado para pisar em vários movimentos, procurando transitar de um para o outro, porque ganha conhecimento, jogo de cintura, facilidade para se relacionar. Você não perde nada. Enxerga longe. Não tenho formação universitária, mas eu transitei, sou um intelectual das ruas.

E sei que temos de saber usar a empatia. Meu pai, uma vez, falou uma frase determinante para muitas decisões que tomei na vida:

– Antes de comprar um carro, descubra se ele cabe na sua garagem.

Você não pode comprar um carro sem essa consciência. E se nem tiver garagem, por que precisa ter carro?
– Ah, porque eu preciso de carro para passear – talvez você argumente.
– Passear onde? Tem ônibus, táxi, Uber, sapato.
– Mas os taxistas não vêm até a periferia porque têm medo. Como é que eu vou levar a gata para passear?
– Ah, então você vai ter que pegar uma gata daqui do bairro, que entende a diversidade e o aceita como é. E que perceba quanto você está se movimentando para ter várias garagens.

Para conquistar várias garagens, esse cara precisa se movimentar, em vez de ficar na porta de casa xingando o sistema que não deu um carro a ele. Já aviso: quando você se movimenta, não consegue determinar a rota. Para não se perder, decida ao menos o seu foco, o que quer, para não parecer um barco à deriva da vontade dos outros.

Fazendo uma analogia, não dependa de tecnologia para dizer aonde ir. Tem quem se perca por confiar apenas no aplicativo de trânsito e acaba entrando em rotas perigosas, ou dá uma volta gigante pela cidade para fugir de dois semáforos quebrados. Em vez de delegar o melhor caminho e fazer seu cérebro parar de trabalhar, prefira desenvolver habilidades que darão autocontrole sobre suas decisões e seus movimentos.

Gosto de pensar que eu traço o meu caminho. Se ainda não existe estrada ou ponte, vou construir, vou fazer; e não só para mim. Isso vai beneficiar mais gente que também deseja seguir por esse caminho.
– Mas todo mundo está usando aquela outra, meu velho – alguém me diz.
– Aquela estrada não é minha. Eu tenho que construir a minha história, o meu caminho.
– Mas pode ser que seu caminho demore dez anos.
– Não tem problema, desde que eu continue sendo quem eu sou a cada passo que der. Vou encontrar novas pessoas e me desenvolver ainda mais com elas.

Fazer isso, hoje, é um desafio emocional para mim. Pois sou respeitado em países do Primeiro Mundo, convivendo com amigos que estão na tela de Hollywood e nos maiores eventos esportivos do mundo. Enquanto isso, no meu país, ainda sou visto por alguns como "o menino do bairro". Isso só atrasa o nosso caminho.

Para não me abater ou ficar vulnerável, tive de raciocinar o seguinte: "Cara, você é muito maior". Desde que defini que precisava sair da periferia para ser muito maior, não posso reclamar quando alguém que conheci no decorrer da caminhada não me liga.

É melhor ser procurado por aqueles que precisam do meu trabalho, a quem posso contribuir criando algum negócio, que é a estrada que estou trilhando. Não quero que ele me ligue para pagar o pedágio da estrada que eu desenvolvi sozinho.

Talvez você pense: "Para me posicionar como grande, só devo investir em coisas grandes". Não é por aí. Eu não ligo de ir ao escritório daquele superempresário, mesmo sabendo que não vai dar em nada. Movimento. É um exercício de humildade, de comportamento, de percepção. Eu sou o mesmo que limpava tijolo.

Sou também quem roda por cinco países em vinte dias e vai ao principal festival de publicidade do mundo. "Hebert, tem negócios para você lá?". Claro! Alguns que estão rolando e outros novos que poderei criar. Vou pelo mundo para continuar em movimento constante, que é a minha estrada, minha caminhada, minha enxada.

É um tijolo que vou juntar com outro e mais outro. Parece combinar com aquela frase clássica que diz "quem não é visto não é lembrado". Muito. E só é lembrado se você se movimentar *mesmo*. O universo do entretenimento escancara isso todos os dias.

Aqui também é o meu lugar

"Por que você conseguiu ser esse cara maior, Hebert?". Porque eu comecei a viajar aos 16 anos como *roadie* (do inglês *road*, que significa estrada) de bandas. Em meados de 1991, participei do primeiro show, convidado por Gilvan Pereira, técnico de som, que morava numa região próxima à minha na época.

Eu carreguei caixas e montei os equipamentos de som para um show de bandas no estilo golpel, no Pavilhão Vera Cruz, em São Bernardo do

Campo, na Grande São Paulo. Daí em diante passei a acompanhar essas bandas trabalhando no *backstage*.

Fazia um show aqui, outro ali, via um espetáculo aqui, outro acolá. Você entra pelos fundos, passa pelo camarim e está no palco, o que permite desenvolver outro olhar. Eu não precisava pegar filas gigantes para chegar lá na frente. Eu já estava na frente, vendo a mágica do entretenimento acontecer. Ou melhor, participando dela e aprendendo.

Por exemplo, aprendi a observar as pessoas das outras classes sociais indo ao teatro – coisa que na periferia ninguém nunca soube o que é. Os trabalhadores que limpam o chão e os que cozinham para os milionários também andam por onde eu andei. Só que eles estão ali com a ideia de que não é o lugar deles. Um dia, quem sabe...

> **A minha postura já me colocava assim: "Prazer, eu sou de lá e estou aqui hoje, e este também é o meu lugar".**

Essa autoestima que eu construí me movimentando teve a ver com observar e ouvir com atenção todo tipo de pessoa, filtrando o que deveria absorver. Na escola, eu não estava absorvendo aquilo de que eu precisava para lidar com a vida, então não completei o antigo colegial (hoje, ensino médio).

Imagine como foi dar essa notícia ao meu pai, formado em Direito, com muito sacrifício, pela Universidade Braz Cubas, graças a uma bolsa de estudos. Prestou OAB e passou. Ele tem o título de doutor Valdenor Valentim dos Anjos. Ganhou ainda mais respeito, união familiar, amigos, só não dinheiro. Não sabia cobrar. Não sabe até hoje.

Decidiu ser advogado por ter sido muito discriminado quando ainda morávamos em Itaquera (década de 1980), na época de um Brasil complexo por causa da ditadura e do status do poder opressor. Eu lembro, por exemplo, que meu pai tinha um Passat e fomos parados na Rua Bagdá, em uma blitz da polícia, com sua baratinha, como era chamado o popular Fusca pintado de preto e branco, cores da frota de viaturas.

Estávamos indo para a igreja. Um policial disse:

"O que esse negão está fazendo nesse carro? Tá roubando o carro?".

Minha mãe é loira. Meu pai olhou para o banco de trás e pediu que não fizéssemos nada. Racismo pesado em São Paulo, e estavam caçando os justiceiros. Depois de um tempo, meu pai e seu amigo Celso se formaram em Direito, sendo aplaudidos na cerimônia de colação, no Anhembi.

Meu pai entrava às 6 da manhã no metrô, fazendo a linha Jabaquara – Santana. Chegava em casa pouco depois das 3 da tarde e saía às 17h30 para ir de trem até o município de Mogi das Cruzes, onde fica a faculdade. Passava da meia-noite quando ia dormir.

Ele criou, junto com a minha mãe, três filhos e construiu seu refúgio, que batizou de "mansão do gueto". Essa casa pequenininha que ele tornou grande, com portão feito por ele (fez um curso de solda), está lá até hoje. O mais importante é que sempre me mostrou a diferença que faz ser proativo. Atualmente, ele mora com minha mãe em Fortaleza.

Eu aprendi com minha mãe, Eudora Mota dos Anjos, sempre acolhedora, o valor e a importância da família, e com meu pai, muito responsável, que teria de lutar por tudo que eu quisesse SER na vida, independentemente das circunstâncias. Meu pai fez isso. Mesmo assim, o "ser" advogado dele não apagou o que já sofreu com o preconceito racial. Os amigos brincavam chamando-o de Simonal, porque o cantor também foi casado com uma mulher loira. Ele queria que cada filho erguesse a cabeça, dizendo:

"Não queira ser branco-negro. Queira ser você. Você não está aqui para defender raças. Você está aqui para ser quem você é. Tem um nome, que eu dei. Use".

Na prática, meus pais souberam preparar uma pessoa muito especial. Porque eu honro meu nome e quem eu me tornei. Não abandonei a família, só não permito a ninguém cruzar os braços e não lutar. Eu percebo que o doutor Valentin dos Anjos liderava o grupo; e eu tenho essa liderança também. Só que, no final do dia, eu fico muito só.

Quando você é líder, conta com a sua racionalidade e maturidade para tomar decisões. É o que as pessoas esperam que você faça. Que diga o caminho certo, quando você quer ouvir. Portanto, liderar é uma atividade de risco. Você pensa "o risco é meu". Vou decidir até onde ir, geralmente levando outros junto comigo.

De uma família grande, eu fui o que determinou ser muito maior, mesmo optando por uma carreira instável, como é o entretenimento. E sou o único que foi muito além do que se imaginava profissionalmente, em termos de ganhos financeiros, grandeza de projetos e reconhecimento internacional.

Não quer dizer que eles não sejam bem-sucedidos em seus propósitos. Mas de jeitos diferentes.

Sobe o som, que vem história

Sou extremamente grato ao Gilvan por ter aberto a minha mente para conhecer o universo da música. Eu viajei pelo Brasil (de 1992 a 1994) com a banda Kadoshi, auxiliando o Gilvan. Fui conhecendo pessoas desse meio até que, em 1995, topei trabalhar no estúdio de ensaios Flautin 55, dos irmãos Mazico, Kátia e Ney. Em paralelo, viajava com variados músicos para shows e bailes.

Ensaiavam no estúdio vários grupos e cantores, como Leandro e Leonardo, Zezé de Camargo e Luciano, Raça Negra, Negritude Júnior, Maurício Mattar. Ney Marques era produtor musical da dupla Leandro e Leonardo, que estava no auge. A partir daí meus relacionamentos cresceram e comecei a articular para avançar mais. Surgiu a chance de substituir um profissional numa das viagens dessas bandas. Aceitei ir quase de graça para Manaus e Brasília com o grupo Negritude Júnior (1996).

Peguei gosto! Entendi aquela distância do Jardim Miriam para Manaus como a oportunidade de IR ALÉM. Realmente fiz um trabalho exemplar, então fui chamado para ser auxiliar de palco (*roadie*) fixo, cuidando dos instrumentos e dos instrumentistas. O interessante é que vários desses artistas frequentam hoje o meu estúdio para seus projetos atuais.

Comecei com o Exaltasamba e depois fiquei com o Negritude Júnior. O *roadie* tem de ser ágil, montando e desmontando o palco em poucos minutos, já que nessa época cada banda fazia até cinco shows numa noite. Eu recebia R$ 150 por apresentação, portanto ganhava quase um salário mínimo em menos de 24 horas.

As viagens se intensificaram com o Negritude Júnior, que em 1997 estourava no Brasil. Conheci quase o país inteiro e inaugurei meu passaporte numa turnê em Portugal. Depois França e Estados Unidos. Eu vi um mundo diferente, como ele é, não o do *Globo Repórter*. Ninguém me contou.

Viajar dá muita bagagem de vida e conhecimento. Gente cheia de diplomas, mas que não sai do condomínio ou só conhece a Disney, precisa rever seus conceitos. Sem dinheiro algum, morando na periferia de São Paulo, eu era o cara que viajava com artistas. Portanto, eu era o cara mais legal da periferia. As menininhas me adoravam.

Em 1999, dirigi uma apresentação do Negritude Júnior no Rio de Janeiro. Eu me senti orgulhoso, pois quem fazia isso até então eram os grandes nomes ligados aos shows da TV Globo, como Aloysio Legey. Eles dirigiam turnês de nomes famosos da música brasileira no Metropolitan, no Palace, no Olympia. Chegou a minha vez.

Os integrantes do Negritude Júnior se separaram em 2000; eu continuava como produtor técnico do vocalista, Netinho de Paula, que partiu para a carreira solo e também se tornou apresentador de TV. Continuamos a viajar, especialmente para países da África. Ele estava ficando cada vez mais famoso.

Nesse período, quando eu tinha uma folga, também trabalhava nos shows de outros grupos e cantores, como o P.O. Box. Do Reginaldo Rossi eu era produtor executivo. Netinho lançou uma emissora própria, a TV da Gente, e me chamou para ser seu assessor. Passei a circular com ele por gabinetes de altos executivos, ter reuniões com donos de emissoras, conversas com gente rica e gente pobre. Mais shows, gravações do quadro Dia de Princesa. Promovi e dirigi um grande show internacional do Kirk Franklin, em 2004.

Nessa fase, outra recompensa positiva: em 2007, o empresário Marco Aurélio Barbosa me chamou para ser seu sócio na construção (a partir do zero) do maior estúdio de música da América Latina, NaCena Studios. Montamos o estúdio, e passei 2008 e 2009 trabalhando na divulgação. O negócio foi acontecendo, o que me incentivou a fazer mudanças na vida pessoal: casei e saí da periferia.

O que as árvores revelam: jardim ou jardins?

Quer saber se você está ou não numa periferia? Repare se há árvores e jardinagem nas casas. Porque significa que há espaço. Quando você mora num lugar completamente esquecido pela sociedade, precisa construir banheiro e quarto para comportar tantas famílias.

Eu ia vendo de dentro do ônibus, quando era office boy, essa diferenciação dos verdes entre *os bairros*, como Jardim Miriam, Jardim Luso, Jardim Elisa Maria e Jardim Europa. Quando comecei a viajar com as bandas pelo Brasil, fui percebendo as diferenças entre *as cidades*. E, finalmente, quando me tornei diretor de shows, empresário e agente de artistas e atletas, passei a enxergar as diferenças entre *os mundos*.

Se eu olhasse do número 54 da Rua Antonio da Silva Porto, o que eu via? Ladeiras, casas sem acabamento, bares e pequenas igrejas. Pessoas se mudaram, outras cresceram e mais gente foi morar nessa área. Hoje, há muitas residências. Na casa em que eu vivi moram duas famílias.

Quando visito esse lugar, que faz parte da minha história, vejo pessoas que ainda vivem do mesmo jeito – incluindo amigos e outras que eu não reconheço. Mas sempre percebo que eles admiram muito a minha família. Sempre perguntam pelos meus pais e irmãos. Querem saber como estão. Era uma vila de pessoas do bem.

Saí desse bairro quando me casei, aos 30 anos. Se continuasse nesse lugar, manteria a alegria e o amor dos amigos da juventude – e são coisas boas –, mas eu ficaria restrito a uma mesma roda e teria dificuldade de me conectar com o mundo fora dali. O do conhecimento e também o da luta.

Eu me mudei para um pequeno apartamento num bairro próximo, na Vila Mascote, com melhor estrutura e desenvolvimento. E, claro, com presença de árvores.

Eu tinha uma casa garantida, poderia morar ali com a minha esposa e poupar um aluguel para dar entrada depois em algo próprio. É o que quase todo mundo faz. Mas a minha determinação me fez entender que meus pais deveriam vendê-la, fazendo renda para elevarem sua qualidade de vida na velhice. Foi loucura assumir um custo mensal de 50% do meu salário só com moradia? Para os educadores financeiros, sim.

Eu me sentia um soldado que, sem desprezar sua base, decidira desbravar novos territórios, fincar bandeiras, deixar legado. Foi difícil, desafiador, mas eu já passava de ônibus pelo bairro da Vila Mascote e desejava morar num lugar arborizado, em rua com calçada lisa. A mudança movimentaria ainda mais a minha vida. Deu certo.

> **Pode parecer que não, mas o cenário que você vê todos os dias molda sua perspectiva de vida.**

Cada vez que eu ia a um show, reunião, turnê ou ensaio, ganhava pouco dinheiro. Porém, aprendia muito sobre produção, sistema, negociação. E também sobre como lidar com o capital humano, a diversidade, as surpresas.

Passados dois anos, mudamos de novo, para um bairro mais em direção aos Jardins (região nobre de São Paulo), charmoso e arborizado. Eu estava crescendo na área de *business music*, mesmo não sendo uma carreira convencional, com estabilidade. Acima de tudo, combina com meu desejo de movimento. Ela me leva até outras pessoas e paisagens. E me dá condições de enxergar o mundo sem ser pela televisão ou pela janela do ônibus.

Conhecimento de causa: é isso que a informação traz. E, ao se movimentar, ver e aprender com o distante e o diferente, você deixa de ter um ponto de vista e passa a ter vários pontos de vista. Eis a grande diferença entre ser alguém e não ser ninguém.

De uma expectativa ao resultado

Sou um conselheiro de negócios para vários famosos nos dias de hoje, que me acham em qualquer lugar, tanto em São Paulo quanto em Nova York. Eu virei um consultor de artistas que dependem dos movimentos para que mantenham sua carreira viva. Ou ela escapa das mãos.

Atletas, músicos, apresentadores e atores não vendem um produto, eles SÃO o produto. Então, quando algum deles me procura pedindo

"Hebert, consegue isso para mim" (pode ser uma campanha publicitária, uma entrevista...), está falando de uma expectativa, querendo que eu gere resultados para ele. Isso quando não ouço "Eu preciso que você cuide da minha carreira".

Eles estabelecem uma linha entre a relação de confiança em mim e a percepção de que vou cuidar dos interesses deles com a devida cautela e focado em buscar resultados. É preciso resistir ao oba-oba, ser um obcecado em enxergar diferente do habitual. Como o trabalho e a vida deles se fundem na pessoa que são, querem fazer negócios se movimentando com amigos profissionais. Explico. Ficamos amigos? Sim. Vamos fazer negócios? Também, mas com toda a seriedade necessária.

Sua postura dá credibilidade

Certa vez, eu estava almoçando com o chef e apresentador de TV Olivier Anquier, de quem sou padrinho de casamento, num dos restaurantes dele, quando o presidente de uma grande agência de propaganda veio cumprimentá-lo. Conversamos, trocamos cartões, e esse encontro gerou uma bateria de reuniões para um negócio com o Olivier. Simples assim.

Lázaro Ramos, Seu Jorge, Taís Araújo, Maria Rita, Ronnie Von e muitos outros *entertainers* querem expandir sua marca, atrair novos tipos de negócios, IR ALÉM do que já alcançaram. Como estou sempre criando movimentos, eu consigo marcar uma reunião para um deles numa grande empresa, por exemplo. Você pode pensar: "Não é possível que um cara famoso não consiga falar com o vice-presidente ou diretor *qualquer coisa* da multinacional!".

Muitas vezes esse cara famoso está trabalhando na sua carreira, ou seja, na sua atividade principal. Se é ator, quer entrar na novela ou no filme. Se é cantor, garantir os próximos shows. Se é escritor, lançar mais um livro. Enquanto isso, os grandes executivos que podem patrocinar outras oportunidades de negócios, como uma campanha publicitária ou licenciamento de marca para uma linha de cosméticos, ligam para o Hebert – ou o Hebert tem acesso a eles para pôr a ideia na mesa.

Um ator e diretor famoso me chama para captar patrocinadores para um filme. Ele confia que vou gerar um negócio que não existe. E lidar com o que ainda não existe foi o que eu mais tive que fazer na vida. O bê-á-bá, o arroz com feijão, o papai e mamãe todo mundo já está fazendo.

O que a gente aprende com isso? Para uma coisa mais fora da caixa, criação do que não tem, o resultado vai depender muito dos relacionamentos que você movimentou. Ou de trazer para perto alguém que faz esses movimentos e abre os canais de negociação.

Os riscos da curva mais radical

Gosto de imaginar que me encontro profissionalmente agora fazendo uma grande curva. Quem dirige sabe a diferença de guiar numa reta e numa curva. Você não entra numa curva na mesma velocidade que estava na reta. Mas com o amadurecimento, nessa curva em que me vejo, em vez de pisar no freio e reduzir os riscos, eu os estou encarando mais. Em 2015, montei em São Paulo a H.A.M.nyc, produtora de áudio voltada ao mercado publicitário, com os produtores Max de Castro e Alvaro Alencar. São Paulo era a segunda unidade da empresa. Seis meses antes ela havia sido aberta em Nova York.

O nome é inspirado no termo *hard as a motherfucker* (um termo chulo em inglês que em português pode ser traduzido como "trabalhar que nem um filho da puta"), com o propósito de transmitir o conceito atender-fazer-ir-ralar-entregar. Para desembarcar com a produtora no Brasil, Max e eu passamos um ano rodando pelos Estados Unidos e investindo em uma equipe de qualidade. Com todos os avanços do mundo, sabemos que o maior diferencial são as pessoas, e elas se sentem motivadas por estarem em um projeto sem fronteiras geográficas.

Um ano depois, também lancei no mercado brasileiro a agência global de criação de negócios Kal911, focada no entretenimento, para conectar, aos grandes anunciantes/patrocinadores, talentos como o chef Alex Atala, o humorista Daniel Zukerman, os atores Lázaro Ramos e Taís Araújo. Dei a partida possuindo ligações com as norte-americanas WME, Lagardere, Roc Nation, CAA, IMX e ICM.

O nome faz trocadilho com *call* (ligação, em inglês), apenas trocando o C pelo K para não confundir com o serviço de chamadas de emergência americano 911, mas com a mesma sonoridade. Além disso, a empresa também soluciona o problema de quem está do outro lado da linha.

Como sempre me ligavam solicitando algo relacionado a várias personalidades do show business, eu decidi transformar meu networking em modelo de negócio, em business. Ou seja, transferi do pessoal (liga para o Hebert) para o empresarial (liga para a Kal911), pois assim eu poderia precificar o trabalho.

À frente de dois negócios tão pulsantes, que me fazem atravessar os céus a cada quinze dias aproximadamente, é como se eu estivesse encarando a curva mais radical da minha vida. Isso me faz refletir: será que eu deveria minimizar os riscos? Ou é agora que todos os movimentos que fiz começam a fazer sentido? Eu não vou dar ré. Estou lidando com esse momento único e tenho a necessidade de registrá-lo neste livro como uma essência de transformação, para criar novos movimentos.

Eu faço reunião a caminho do aeroporto com o pessoal da produtora, viajo para Los Angeles, depois Paris e Cannes, daí passo por Nova York para me relacionar. Tenho a agenda pessoal com a família, que não posso deixar de lado. Não me esqueço um minuto sequer de que há onze funcionários aguardando seu salário no primeiro dia útil do mês. E sou CEO de uma empresa empreendedora que depende muito de networking para o telefone tocar.

Tudo isso é custo, investimento, preocupação, que exige a minha presença e influência. Daí, eu faço uma pausa para ir até a padaria e vejo a luz do dia, que me faz agradecer por estar com a vida tão movimentada. Cara, como é difícil construir negócios do zero. Ainda mais quando você transita nos meios da fama, das grandes cifras, do ego, dos tapinhas nas costas. É preciso saber muito bem quem você é e ter muito foco no trabalho para não desviar do seu caminho e se acidentar feio.

Quando estou na rua olhando, andando, articulando os próximos passos, eu sinto duas coisas: que está dando certo e que estou fazendo as vidas das pessoas darem certo. Eu já calculei por cima que me conecto com mais ou menos 50 pessoas por semana. E quando ouço "que bom que eu encontrei você", é como se eu assumisse um papel muito maior de dar do que receber, o que só me fortalece para continuar a fazer a curva mais radical da minha vida, querendo saber o que está por vir. Você se sente assim?

Como manter bons relacionamentos

Costumo brincar que eu não preciso ter um jato, preciso ter um amigo que tenha um jato. Não preciso ter uma fazenda, preciso ter um amigo dono de fazenda. Não preciso ter um restaurante, preciso ter um amigo *restaurateur*. Minha carteira de relacionamentos abrange as pessoas mais diversas, mais honestas, mais criativas, mais trabalhadoras, mais talentosas, mais interessantes de conversar.

> **Independentemente se um é famoso e o outro não, eles são fundamentais.**

E como é que a gente transita bem nessa cadeia de relacionamentos? Não é pelas redes sociais. Quem só tem um monte de amigos no Facebook está no sereno. As relações já não são mais consistentes, por isso é tão importante falarmos de movimento para construir uma rede que nos apoie.

Em meados de 2016, eu ingressei no Spring Place. Fiz uma decisão maluca de querer ter o escritório de Nova York dentro desse clube superprivado, no qual só entra quem é do entretenimento e comunicação – e com indicação de peso. Em razão dos relacionamentos que eu gerei com meus movimentos, fui aprovado. Estou onde o Robert De Niro também tem uma mesa de trabalho, no charmoso bairro TriBeCa.

Por que ter escritório nesse lugar tão cobiçado? Porque era importante respirar o mesmo ar de quem quer fazer negócios, e não ficar gastando tempo com *likes*. Por que Nova York e não Los Angeles? Porque estou a horas da Europa, do Brasil e de Los Angeles, que fica na outra costa. Em São Paulo, por que concentrar a vida no Brooklin e os negócios no bairro do Campo Belo, e não ficar no endereço anterior, de infância, na Cupecê? Lá, os custos com certeza seriam mais baixos.

Tudo isso cabe nesta resposta: é preciso se desafiar a dar um passo à frente da sua zona de conforto, mas acelerando com responsabilidade, com um motivo. Para ser um *conector* realmente, é importante estar centralizado e acessível, mas nunca parado. Eu me movimento muito, com consistência nos roteiros e escolhas.

Invisto tempo e dinheiro para estar na Riviera Francesa, por exemplo, para o Festival de Publicidade de Cannes, porque os relacionamentos que eu quero formar ou reencontrar estão lá. Como o produtor musical e empresário americano Russell Simmons, com quem conversei sobre pontos importantes do seu livro *Do you! 12 Laws to Access the Power in You to Achieve Happiness and Success* (em tradução livre, *Faça você! 12 leis para acessar o poder dentro de você e alcançar felicidade e sucesso*).

> **O principal ponto: nunca espere que alguém faça um cheque de 2 milhões e ponha na sua mão; valha você os 2 milhões.**

Falei ao próprio mito Russell Simmons sobre o aprendizado de que não tenho que ganhar dinheiro e sucesso, tenho que construir ou criar. Ninguém deveria querer ganhar um upgrade de *business class*, um cliente, uma empresa, uma gatinha, moral. Precisa conquistar.

"Elevation cause expenses", me disse Jay-Z, lembrando que custa caro crescer. É como esta frase que às vezes uso: "Passagem para mais longe custa mais caro".

Como eu sou movimento, busco estar onde há movimento. O "SER" e "ESTAR" me acompanham. Eu sou a onda e estou na onda, o que me coloca lá na frente. Isso é importante para gerar confiança nos meus relacionamentos; se eles precisam alcançar alguém especial, eu faço a ponte. Desde que existam credenciais fortes de um lado, num estalo eu vendo um bom negócio ao outro.

Só não queimo cartucho, cuidado essencial para não desmantelar a cadeia de contatos. O produto precisa ser bom, ter valor, como ensinou o mestre Russell Simmons.

Que os anjos nos protejam

Quando falamos em relacionamentos, inevitavelmente vem a questão do sobrenome. Eu sou o Hebert Mota dos Anjos. Mota é por parte da minha mãe, baiana e branca. E eu achava que dos Anjos era o sobrenome do meu pai, que é baiano, negro, filho da minha avó que cresceu ainda na época escravicionista. Até que um amigo querido, o ator Eduardo Sterblitch, me perguntou se eu sabia por que me chamava dos Anjos.

Ele contou que, depois da abolição da escravatura, quando as pessoas iam registrar o nome de um bebê sem ascendência familiar europeia, era impensável algo como Hebert Mota da Senzala, do Maculelê ou dos Palmares. O usual era recorrer a nomes religiosos, como dos Anjos, de Jesus, dos Santos. Influência da igreja católica, que orientava os fiéis de que todos pertenciam à família de Deus. Na prática, não é.

Todos nós sabemos que a construção da sociedade foi ditada pela dinâmica dos filhos de reis, príncipes, aristocratas. E os descendentes dos escravos foram inseridos num grupo que não teve direito a nada. Então, esse "apadrinhamento" da descendência eu não tive desde sempre. Foi quando comecei a trabalhar que conquistei o meu valor em alguma coisa. E hoje tenho o @ das minhas empresas, fruto dos negócios que construí.

Mas também gosto de lembrar que a gente só faz um CNPJ quando entende qual é o seu CPF. Ou seja, quando se conhece, sabe quem é, não parece boneco. Concordo com o Lázaro Ramos quando diz em sua biografia *Na Minha Pele:* "Como nós ainda somos atrasados em nossa percepção sobre nós mesmos".

> **Dos Anjos é o meu nome e está tudo certo! O orgulho das minhas origens não deve estimular a separação.**

Não sou o filho do fulano de tal que frequenta o Clube Pinheiros ou outro da elite paulistana. Mas, quando viajo para fora do Brasil, sou respeitado pelo meu sobrenome e avaliado pelo que importa, a competência para fazer negócios. A título de curiosidade, no Brasil de hoje tem muito da Silva, depois que famílias que progrediram decidiram se distanciar da sua relação de ascendência escravista e se aproximaram da influência de Portugal.

Conheci muito nordestino da Silva – esse é um dos sobrenomes mais populares do Brasil. Então, muito prazer, filhos de italianos, judeus, árabes, portugueses. Eu sou dos Anjos, e vamos fazer negócios.

Eu vi a evolução da diversidade

Realmente, uma das coisas que fazem com que eu compreenda as diferenças, da forma como estou tratando neste livro, é o meu "movimentar". Com relação a estereótipos, por exemplo, do ponto de vista profissional, eu encontrei nos Estados Unidos empresários negros, indianos, chineses... Negociei com judeus e não judeus.

De alguma forma, eu enxerguei a diversidade na prática e não a do assistencialismo, que mantém o pobre cada vez mais pobre e o rico cada vez mais rico.

No Brasil e até no mundo, as pessoas chamam de bonito – logo, bem-sucedido – quem é branco, loiro e bem vestido, por ter relação com o padrão de beleza europeu. Se você tem cara de brasileiro, facilmente é confundido com a de um eterno serviçal.

Um exemplo são os shoppings de São Paulo, naquele trecho da Marginal Pinheiros entre as pontes Eusébio Matoso e do Morumbi. O perfil de quem compra e passeia neles é completamente diferente das características da maioria da população, que lá vira minoria, circulando como segurança, babá, faxineiro...

Em uma ocasião, fui buscar o Lázaro Ramos para uma reunião de negócios em um luxuoso hotel em São Paulo. Por acaso, é o mesmo onde eu costumava me hospedar, e conheço os donos. Estacionei meu carro na frente e cumprimentei a todos que trabalham lá. Aí eu encontrei o Lázaro na recepção. Batemos um papo de três minutos e seguimos para o meu carro, que é uma BMW.

O porteiro do hotel abriu a porta traseira para o ator entrar, supondo que eu seria o motorista. Lázaro ficou em choque e chateado. Eu procuro não me contaminar com o sentimento de revolta e preconceito; eu me recuso a entrar em classificações postas pela sociedade. Sou Hebert Mota, e não um número de estatística do IBGE.

Nos meus movimentos, inclusive, tomo cuidado para não ser reconhecido como o ex-favelado que se deu bem. Por eu ter me movimentado pelo mundo, vi uma evolução da diversidade lá fora. E perceber isso me deu autoconfiança sobre meus propósitos, refletindo positivamente na minha estima no Brasil e em qualquer lugar.

Só enquanto fizer pi, pi, pi!

É hora de fazer uma leitura do comportamento dos negócios como sociedade. Porque é disso que mais estamos precisando, se quisermos contar uma história diferente sobre o nosso país. Atualmente temos o modelo do vencedor e o do roubador, além do sortudo e de quem jogou seu privilégio fora, detonando o patrimônio do pai.

Se não se encaixa em nenhum desses modelos, você precisa acordar todos os dias, olhar-se no espelho e falar: "Vamos lá, é você por você mesmo, porque desde que saiu da barriga da mãe a sua vida depende da sua própria evolução". Nos primeiros minutos de nascido já ganhou um tapa do médico, para sair da inércia. Movimento é tudo.

Fazendo uma analogia com o monitor cardíaco, você está vivo quando aquele aparelho que controla os batimentos do seu coração emite um som semelhante a pi, pi, pi e exibe uma linha contínua que sobe e desce, sobe e desce! Ou seja, está em movimento. Já pensou nisso? Agora, digamos que mude o som e a linha fique reta... Significa que acabou seu tempo (*time is over*). Descanse em paz.

Quando as coisas parecem ir mal, a gente se sente como se a vida estivesse acabando. Mas não está: se o coração ainda pulsa, seu tempo não acabou. Graças ao meu amigo querido, que é ex-diplomata americano, eu me liguei nisso num momento em que estava chateado e preocupado com um monte de contas a pagar.

Ele realiza trabalhos sociais no Brasil até hoje e trabalha com importação e exportação. Nós nos encontramos por acaso, depois de quase dez anos sem notícias um do outro, no metrô de Nova York. Conversamos sobre várias coisas, e abri o coração:

"Cara, está difícil. Eu estou lançando meu nome no mercado internacional, mas já tomei tantas 'chicotadas', 'facadas' de gente querendo me passar para trás".

Esse amigo me fez ver que, quando uma pessoa está em coma no hospital por causa de um acidente ou doença, o único sinal que faz a sua família se manter ali, acreditar em melhora e lutar por essa vida, é o movimento mostrado nos monitores cardíacos, os tais aparelhos de pi, pi, pi.

Isso significa que enquanto a vida estiver com altos e baixos, a gente tem que agradecer e viver as oscilações, controlando a ansiedade. Na verdade, esse movimento de "cai, levanta e segue adiante" não pode parar.

O que é "dar certo"?

Às vezes, sou chamado para uma reunião e topo ("ok, amanhã estou aí!"), mesmo sabendo que não vamos concretizar nada. Você pode pensar: "Poxa, e se for um contrato de 1 milhão?". Sei que não é. Pode vir a ser? Pode. Só não dá para adivinhar quando. O que me faz ir até o escritório do empresário que me procura é, mais do que tudo, honrar o vínculo de confiança.

Um encontro em São Paulo com um publicitário no restaurante Rodeio, por exemplo, fez com que eu conhecesse um amigo desse publicitário em 2015 e ficássemos amigos. Por gostar de música, ele começou a frequentar a produtora e só tempos depois me perguntou se eu gostaria de agenciar um apresentador famoso.

Escrevo este trecho do livro enquanto trabalho em Miami, hospedado na casa de um amigo. Na minha programação, tenho um jantar logo mais. No dia seguinte, embarco para a Itália. Faço uma reunião de manhã e quatro horas depois aterrisso em Cannes. Passo cinco dias fazendo relacionamentos. Em seguida viajo para Nova York com o mesmo objetivo, e depois Los Angeles. Em apenas quinze dias, passo por seis ou sete destinos (re)ativando contatos com milhares de pessoas.

Não adianta eu imaginar que a Kal911 vai ser um sucesso da noite para o dia. O que é "dar certo"? Por enquanto, é poder reinvestir o faturamento atual na própria empresa, na própria marca, na própria relação que eu preciso construir no mercado. E não pegar o primeiro dinheiro que entra e trocar de carro.

Esse exercício do tempo eu também fiz com o Anderson Silva, desde o primeiro aperto de mão, em 2007, até virar amigo do lutador de MMA em 2009 e assinarmos um contrato de trabalho em 2010. Contrato esse que finalizamos em 2014, com a certeza de que tínhamos cumprido o que havia sido acordado. Eu o agenciei no início – antes mesmo de o UFC chegar com força ao Brasil e ser considerado um esporte de brutos e sangue apenas – e o transformei em ídolo internacional, principalmente para o mercado brasileiro.

Ele virou um produto de marca, referência inspiradora, um *case* de marketing no esporte. Era um tempo em que todas as atenções estavam voltadas para a Copa do Mundo e a Olimpíada em solo brasileiro, e o esporte dele não envolve bola na rede e nem é olímpico. Mesmo assim, eu consegui colocá-lo numa posição de destaque na mídia.

Por causa da dinâmica de colaboração, coletividade e cooperação que eu estimulo com os movimentos que faço, busquei parceiros essenciais. Foi quando conheci o Sergio Amado e o Fernando Musa, da agência Ogilvy Brasil, que estavam começando a operação da 9ine Sports & Entertainment com o ex-futebolista Ronaldo Nazário e o empresário Marcus Buaiz. Com isso, aumentei também a capacidade de influência de marca e do esporte do UFC no Brasil. Tanto que vi mulheres, já em 2012, gostando de praticar MMA, quando dois anos antes olhavam aquilo como uma luta sangrenta.

Obviamente, o que acaba entregando às pessoas o benefício do valor é o que o Anderson inspirou. Ele se movimentou não só no ringue, mas também na vida e comercialmente, com várias campanhas publicitárias. Foi o que eu movimentei como divisor de águas na minha vida também, pois os números que eu passei a captar, comparados aos da música, foram muito, muito maiores.

Então vai e faz!

Agora ficou claro por que o título do meu livro é *Movimento, logo existo*? Contei sobre a minha vontade de escrevê-lo a alguns profissionais feras, como o humorista Daniel Zukerman, e recebi o maior apoio para esse projeto. Movimento tem conversa, troca, propósito coletivo para criar as condições de realizar um objetivo.

Eu também provoquei um movimento em você: o de querer ler cada página agora. Estou movimentando a economia com essa atitude, o meu trabalho e o de quem participa neste projeto. E vamos beneficiar outras pessoas. Determinação, perseverança, apreensão dos desejos, as pessoas certas, verba, dedicação, material de qualidade, contratos, marketing de divulgação... É tudo isso. Então, eu fui e fiz!

Conheço gente que pensa assim: "Ah, envolve um plano, né? Por onde eu começo? Com quem eu falo?". Um amigo que trabalha com entretenimento voltou dos Estados Unidos, pela primeira vez, dizendo que agora me entende, que realmente lá é a Meca dos negócios nesse segmento. Ele percebeu que os caras fazem planejamento.

Salvo algumas exceções, o brasileiro não dá essa importância à preparação, à estratégia e aos acordos. Sai fazendo e ainda diz: "Estou indo aí, *véio*. Estou vendo no que vai dar!".

Seja para encarar preconceitos no Brasil, seja para negociar de igual para igual com os maiores empresários do mundo no setor de entretenimento, eu sempre senti essa necessidade de estar preparado. E me preparei muito, com uma determinação que desenvolvi desde a infância.

Seja uma pessoa informada, seja inteligente

Ao conhecer mais pessoas, cavei mais oportunidades e percebi que era possível conquistar mais, uma vez que batalhasse acreditando naquilo que estava fazendo. Como meu pai me ensinou, seja o melhor. O melhor *roadie*. Consegui. O melhor produtor de artistas. Consegui. O melhor agente de um lutador. Consegui. O melhor sócio de estúdio. Consegui.

Tudo isso porque venho me movimentando, aprendendo e evoluindo. Custa caro, é difícil e desafiador. Entretanto, é por me movimentar que consigo fazer tantos negócios. Se estou me movimentando, estou indo para algum lugar. Então, já está dando certo.

Hoje, estou no terceiro endereço residencial, no lindo bairro do Brooklin Paulista, zona sul de São Paulo. Atualmente os galhos das árvores alcançam as janelas do meu ensolarado apê.

PARTE 2

INCOMODAÇÃO: OS ACOMODADOS QUE SE MOVAM

Se fosse fácil ligar o botão dos movimentos, nosso mercado estaria num patamar bem mais alto. Os profissionais brasileiros amadureceriam mais rápido e a vida seria muito mais dinâmica e interessante. Mas a verdade é que temos dificuldade de nos movimentar.

A acomodação é uma praga que precisa ser evitada. Exige parar de querer ficar perto de quem é parecido com a gente e sair das zonas de conforto. Neste exato momento, em quantas você está?

Conheço muita gente que pensa estar se movimentando, mas está parada. Pensa que é roda, mas age como poste, âncora, até cancela, impedindo a passagem. Alguns dos motivos: fica ouvindo o que não rende e seguindo a vida dos outros nas rodinhas de conversas, nos corredores das empresas, nas redes sociais.

Inquieto, eu sempre me questionei: "Um menino que veio do nada, pobre, tem que pagar para estar na roda de quem tem muito?". A Lei da Vida deveria dar a todos a chance de construir sua vida a partir do ponto zero. Todos na mesma linha de largada. Mas não é assim.

Alguns largam com *mais 10* pontos. Estudaram nos melhores colégios, se alimentaram com iogurte, moraram rodeados de árvores, ganharam sobrenome que abre portas. Por esse raciocínio, eu comecei a vida com *menos 10* pontos, faltando condições e ferramentas.

Mesmo assim, fico feliz pelos privilegiados de pontuação *mais 10*. Conheço várias dessas pessoas (me ensinam muito) e concordo que têm que valorizar as vantagens. Não tenho inveja ou ressentimento disso. Por que as pessoas me admiram? Porque deixo muito claro quem eu sou e como fiz para chegar até aqui.

Conhece este provérbio: "A necessidade faz o sapo pular"? O bicho tem o corpo todo torneado. Mas, se não pular, não se alimenta, já que não consegue andar. Eu trago resultados evitando expor os porquês e, assim, deixo de lamentar. Não fico alardeando quando estou sem grana, que está difícil.

Tenho certeza de que sou maior do que qualquer circunstância. Costumo dizer que, na escola, quando eu era garoto e queria atenção das meninas, sabia que não era o cara mais bonito, mas era autêntico e tinha a alegria de viver. Por isso, sempre tive belas namoradas.

Mantenho a minha essência, mas dou meus pulos feito sapo e mudo a minha realidade sempre. Isso me dá brilho próprio. Mesmo que eu tenha que ir para o espaço, você vai me ver brilhando muito. As estrelas vão dizer "caraca, quem é você?".

Gosto de pensar que nasci para ser uma bênção na vida das pessoas. Por isso é que nunca vou ter tanto dinheiro. Se fosse me acomodar com o que já conquistei, a vida daria um jeito de me mandar recado: "Tem um monte de gente que está precisando do seu movimento. Vai!".

> **Se eu estou sossegado, não estou em movimento.**

Pensar nisso me motiva a movimentar. E funciona para todo mundo. Tente.

Ralar e sofrer, ralar é sofrer

Quantas pessoas que conhecemos abrem empresa e esperam o telefone tocar? Fiz o inverso ao me movimentar pelo mundo por dois anos, até abrir formalmente, em 2016, a agência de criação de negócios Kal911. Então, posso dizer: vá ralar e sofrer por aquilo que você quer.

Tem gente que só se mexe quando o bolso dói. Ou quando os amigos desaparecem e a pessoa fica falando sozinha. Paixão tem sofrimento. Pense na paixão de Cristo. Se eu estou apaixonado por aquela mulher, estou sofrendo por ela. Você está apaixonado por esse trabalho? Então está sofrendo por ele.

Não dói tanto porque, no meio, tem o prazer. Mas tudo o que dá prazer tem um preço. Inclusive o dinheiro. Você quer ficar rico? Trabalhe muito e sofra por esse objetivo. Não quer, pois só este montante aqui já resolve a sua vida? Tudo bem também. Precisa ralar menos e consegue equilibrar com a vida pessoal.

Cresce o número de pessoas trabalhando sem pausa e sofrendo por escolher deixar a família de lado. Vão à festa-surpresa para o chefe, mas não vão à reunião na escola para ver por que o filho mordeu a professora. E esse serzinho, depois de tudo que os pais conquistaram para ele, cresce sem os ensinamentos necessários. E aí os pais vão gastar com aulas particulares, terapia, ou ainda remédio para depressão ou ansiedade.

Eu resumo qualidade e valor de vida nesta ordem, repetindo o que Frank Lucas, um dos maiores traficantes de Nova York nos anos 1970, disse:

> "Na vida, você é o que é pelas escolhas que faz.
> Ou é alguém ou será um ninguém.
> Família, integridade, trabalho duro.
> Sem nunca se esquecer de onde você veio."

Eu já fui à casa de um sheik em Dubai, à casa de um presidente em Angola, à Casa Branca, nos Estados Unidos. Eu estava na posse do Obama em 2008, tenho amigos milionários no Brasil. Nem por isso deixo de continuar indo a casas parecidas com aquela em que morei na infância. Eu também ralo no dia a dia e não perco a chance de estar com todos.

É um prazer, e transformo essa flexibilidade de públicos em valor de negócio. Sou muito versátil, conheço os processos por completo.

Conheço o dono do Banco Itaú e seus clientes. Conheço o presidente da empresa e, na outra ponta, os seus consumidores.

Eu me interesso em saber como o Jeff Bezos, fundador da Amazon, fez e faz para adquirir novas empresas. Também quero saber como um amigo produtor de Hollywood levanta fundos para um filme de sucesso e ganha o Oscar. Por onde passo, sempre converso com os taxistas. Pergunto sobre suas histórias, principalmente quando são imigrantes ou nascidos na cidade, e sobre por que dirigem para alguém.

Isso me faz ver muita coisa e compreender, acima de tudo, o comportamento humano. Movimentar envolve conhecer pessoas e histórias. No final das contas, nós todos neste mundo estamos no mesmo barco e remando pela vida. Como resultado, amplio a minha visão das coisas – não porque sou mais inteligente, mas sim porque escutei mais coisas e de mais pessoas.

Por outro lado, esse "saber muito" também cria desafios. Ou seja, é preciso cuidar para evitar problemas em algumas rodas sociais e circunstâncias de relação de negócios. Algo do tipo NÃO queira ser o mais inteligente da reunião se você foi convidado. Deixe o dono da festa apagar a vela. Exponha-se menos e gere menos conflito, pois, se alguém na outra ponta se sentir prejudicado, vai dar um jeito de afastá-lo.

O que eu recomendo é fazer sempre o exercício de ir à casa dos outros se preocupando muito mais em conhecê-los do que tentar se fazer conhecido. Quando estou me movimentando num ambiente coletivo novo, falo menos e escuto mais. Proponho menos e respondo mais. Ter esse cuidado quando converso com um artista numa festa, por exemplo, evita que o empresário dele fique enciumado.

Em outras palavras, o método bom de fazer novos negócios é quando você se mostra interessante, inteligente, sem que precise se promover de cara. Porque se você se promove demais, corre o risco de afastar as pessoas, em vez de atraí-las. Principalmente as que o enxergam como concorrente. Procure ganhar a atenção e a confiança das pessoas a partir das próprias perguntas delas. Nas suas respostas, você demonstra quanto é bom para fazer negócios e aí, sim, vai gerar movimentos promissores.

> **Você só é bom quando incomoda.**
> **Se você incomoda pelo que vem fazendo,**
> **tem mais é que continuar.**
> **Sinal de que faz o certo.**

Tem um monte de gente querendo que você escorregue?
QUE BOM!
Tem um monte de gente falando de você?
PODE CONTINUAR.

Você já se perguntou por que está incomodando tanto? Tomara que seja por estar em movimento, já que faz com que mais coisas e mais gente se movimentem também. É tudo o que os acomodados não querem. Continue assim.

Agora não, agora sim... já é!

Um amigo, um tanto cansado de tentar, queixou-se de que "nunca chega a nossa vez". Eu fiz para ele a seguinte analogia:

"Algumas pessoas estão na Terra para serem crucificadas. O papel delas é abençoar os outros".

Eu, particularmente, não cultivo o vitimismo, para não me frustrar. Justo na minha vez, ser brecado por alguém que vai me dizer "agora não"? Não aceito. Se eu tenho um desejo que não é 100% alcançado, de um jeito ou de outro eu vou conseguir resolver e alcançar minha meta.

Com 12 anos, carregar latas de concreto para ajudar meu pai me ensinou que não dava para ficar esperando até que alguém zelasse pela nossa família. Arregaçamos as mangas e levantamos uma casa espaçosa tijolo por tijolo. Podia não ser a mais incrível, a dos sonhos, mas tinha um mérito enorme.

Pois bem, se hoje eu moro num local que me agrada e durmo numa cama macia, se tenho pessoas ao meu lado nas quais eu confio, se frequento ótimos lugares, eu estou feliz. Se faço mais gente feliz, se estou sendo útil, conectando lados como ponte, provocando movimentos por onde passo, não preciso esperar que alguém libere o meu caminho dizendo "tá bom, agora é a sua vez". Já está sendo.

O poder de estar em crise

Nas nossas empresas, fazemos orçamentos o tempo todo e sempre ouvimos: "Veja como melhorar o valor, estamos em crise". *Estamos em crise* transformou-se na frase mais dita na atualidade. Não é muito diferente do que eu respondia aos artistas com quem trabalhei em meados de 1992, quando o assunto era cachê:

"Está difícil vender shows, estamos em um ano de crise".

De lá para cá venho aprendendo a tratar a crise como aliada. Tempos difíceis me fizeram produzir muito mais. O livro *The Power of Broke* (*O poder de estar quebrado*), do empresário Daymond John, mostra que as pessoas bem-sucedidas contam principalmente com a criatividade, sem depender somente de dinheiro. Daymond John é fundador e presidente da FUBU, empresa de vestuário, sapatos e acessórios, voltada principalmente ao público amante de *hip-hop*, com sede em Nova York, e também investidor do reality show Shark Tank.

Eu tive a oportunidade de falar ao John:

"Mesmo você tendo crescido no Queens, em Nova York, e eu na região do Jardim Miriam, em São Paulo, posso dizer que vivemos em mundos distantes, mas com desafios semelhantes. E conseguimos, além de fazer a nossa história, motivar os que ainda estão às margens a lutar. Temos a mesma diversidade para empreender e lidamos com o mesmo cotidiano de estarmos sempre em crise. Seu livro é libertador para qualquer empreendedor".

Outro cara que eu admiro chama-se Elon Musk. Ele criou o sistema de pagamentos PayPal, depois o vendeu e fundou a Tesla Motors, empresa de energia sustentável com carros elétricos e painéis solares. Decidiu depois empreender na SpaceX, de transporte espacial. Quebrou várias vezes e superou várias crises. É polêmico, mas também um exemplo de quem segue seu instinto criativo e gera valor no empreendedorismo.

Então, chega de usar essa desculpa para se acomodar! Durante uma crise, você:

- **Tem mais cautela.** Sem ela, perde tempo com uma agenda sem produtividade.
- **Fica mais atento** aos acontecimentos e às pessoas ao seu redor. Sem ela, forma sua bolha de sucesso e se perde dentro dela.
- **Cria muito mais.** Sem ela, você troca o tempo de criar para atualizar suas redes sociais com *likes*.

O foco em trazer soluções deve ser maior que o movimento de alimentar a crise com reclamações. A experiência de estar quebrado faz seres humanos melhores. Não conheço ninguém que não tenha passado por alguma fase de instabilidade, declínio, incerteza. Tanto quem trabalhou a vida inteira quanto quem nasceu rico, roubou ou fez tudo "certinho", seguindo o protocolo da cautela nos negócios, todos já tiveram que se mexer e se salvar.

Vivendo com as minhas crises e adversidades, consegui sair da periferia e lidar com o preconceito. Tenho amigos no mundo inteiro. Gero empregos e acredito no filme *The Great Debaters* (do diretor Denzel Washington e da produtora Oprah Winfrey, chegou ao Brasil com o título *O Grande Desafio*). Conta a história de Melvin B. Tolson, da Faculdade Wiley, no Texas.

O professor Tolson montou um time de alunos afro-americanos em 1935 e o levou para o campeonato de argumentação em Harvard.

O diálogo do filme, conduzido pelas perguntas de Tolson, com respostas de bate-pronto dos alunos, é um ótimo conselheiro para dias de adversidades:

–*Who's the judge?* (Quem é o juiz?)
–*The judge is God.* (O juiz é Deus.)
–*And why is he God?* (E por que ele é Deus?)
–*Because he decides who wins or loses, not my opponent.*
(Porque ele decide quem ganha ou perde, não meu oponente.)

–And who is your opponent? (Quem é seu oponente?)
– *He doesn't exist.* (Ele não existe.)
– *And why doesn't he exist?* (E por que ele não existe?)
– *Because he is a mere descending voice of the truth that I speak.* (Porque ele é uma mera voz que vem da verdade que eu falo.)

> **Crise nenhuma vai me segurar. Ela vai me levar...**

Sem espírito de Patinho Feio

Também não dá para se agarrar a uma oportunidade como se não existissem outras. E quando falo "outras", significa não procurar mais do mesmo: pensar diferente, buscar o novo e não o mais fácil.

Nos quatro anos empresariando o lutador Anderson Silva, faturamos mais de R$ 15 milhões com publicidade, que era o meu negócio. Quando encerramos o contrato, em 2014, eu vivi um *gap*, porque na mentalidade das pessoas eu havia virado "viúva" do atleta. Nas entrelinhas, mandavam a mensagem "eu não quero mais falar com você" ou "agora você não é mais *o cara*, é aquele carinha".

Precisei ser hábil para mostrar que estava no controle, escolhendo novas oportunidades, em vez de ser refém delas. Era isso ou me acomodaria no espírito do Patinho Feio. Cadê o sobrenome? E o @ alguma coisa?

Como sempre recebi esse tipo de cobrança na essência, por causa da minha estrutura familiar, usei esse incômodo para pensar diferente da maioria, acomodada. Até porque tem tanta coisa para fazer! Para vários artistas que me ligam, eu digo que não dá. Se não tenho a condição necessária de tempo e dedicação, prefiro recusar em vez de dizer "sim", pela empolgação de trabalhar para alguém famoso e depois não conseguir entregar algo com excelência.

No meu caso, falar "não" é ser honesto. Quando eu posso aceitar um convite é porque antes recusei alguns outros. Não gosto de ir concordando e me comprometendo com as pessoas sem antes parar e avaliar o cenário, as circunstâncias.

MOVIMENTO, LOGO EXISTO

> **ESCOLHAS.**
> **Para escolher, você precisa saber antes o que quer.**
> **Tem um desejo?**
> **QUAL?**

Um dos meus objetivos de vida, quando ainda era office boy, era um dia poder acordar sem precisar do despertador. Para isso, decidi não ser mais funcionário e ter meu próprio negócio. Assim, se acordo cedo é para mim – e por mim – e não para algum patrão.

Quer o mesmo para você? Saiba que vai trabalhar dobrado e repartir seu ganho com aqueles que topam acordar com despertador, por você e pelos seus projetos. Está disposto a assinar um contrato bom demais para você? Sim. Ele permitirá que durma sem nem se lembrar das contas a pagar, mas vai torná-lo refém. Continua interessado? A minha resposta é não.

Quando o NÃO gera o SIM

O cantor e amigo Seu Jorge me ligou:
– Hebert, você poderia ser meu empresário neste negócio?
– Não – respondo.
– Por quê?
– Porque você é o seu próprio empresário. Você sabe muito bem o que quer e como fazer. Já somos parceiros, não preciso de títulos e cargos na nossa relação. Conte comigo sempre e ganharemos juntos.

Em outra ligação, eu procuro Seu Jorge e digo:
– Preciso falar com o Vik Muniz. Como é que eu faço?
– Claro, toma aqui o telefone dele – Seu Jorge responde.

Quem quer jogar em todas as pontas, para ter o braço ali, o pezinho ali, o nariz ali, acaba como um guerreiro cansado. Para você ter uma rede que gere negócios, não precisa dizer "sim" o tempo todo.

Uma vez, em Cannes, após o Festival de Publicidade, o ex-jogador de futebol e empresário Ronaldo Fenômeno e seu assessor Kaká me convidaram para ir a Saint-Tropez com seu grupo de amigos. Eu agradeci, mas não fui. Outras pessoas não fariam isso. Acham que "para ele gostar de mim é preciso agradá-lo". Não. Eu preciso ser honesto e ter credibilidade, para depois conquistar amigos e dinheiro.

> Voltando lá atrás, visualizo o Hebert chegando da escola e limpando tijolos.
> **"Sim, pai."**
> Depois, indo para a rua brincar com os amigos. Vamos vender droga?
> **"Não, obrigado."**
> Ah, tem aquela menina que quer ficar com você. Ela quer ficar comigo mesmo ou nem sabe quem eu sou? Ah, não sei.
> **"Então, não quero."**

Dinheiro é outra coisa

Agora, não ser acomodado não garante que você ganhará muito dinheiro. Especialmente para quem é autônomo, gasta-se muito tempo e energia prospectando negócios e cultivando relacionamentos. Alguns jantares, cafés, reuniões, encontros em aeroportos; eventos abrem portas para grandes acordos, mas nem todos se concretizam.

Mesmo assim, buscar se unir a outra pessoa que seja mestre naquilo em que você não é tão bom o torna ÓTIMO. É como eu sempre digo: tem um monte de gente precisando do seu movimento, e isso é negócio também. E como você não movimenta sozinho, vai compartilhar os ganhos financeiros também. Faz parte.

Atualmente, vejo que estamos mais ansiosos para tudo. A tendência é grande de confundir incomodação com pressa. Mas, se almoçar o triplo hoje por receio de não ter o que comer nos próximos dias, você vai explodir.

Conversando com outro amigo, ele me contou um pouco da história do seu pai (que estava com 70 anos), e eu falei das minhas empresas. Perguntei:

– Seu pai ganhou dinheiro mesmo com que idade?
– Com 50 anos.

Eu estou na faixa etária dos 40, e sou de uma geração que está apressando as coisas e se vangloriando disso ("antes dos 30, eu tenho que ser *o cara*"). Vale a pena olhar para as gerações anteriores, querendo entender como elas se desenvolveram, por que levaram 40, 50 anos para alcançar o que queriam.

Avanços tecnológicos agilizam vários processos, mas negócios ainda são feitos entre pessoas. Você não manda uma máquina fazer reunião enquanto vai à academia. E repare que empresários, como o pai desse amigo, já tinham definição clara do que queriam ser! Além disso, eram menos acomodados que os executivos de hoje.

Agora imagine que você é um jovem que não sabe o que quer, nem para onde vai, e tranca a faculdade porque está com dúvidas... Quer acumular dinheiro e ter realizações aos 25 anos para dar orgulho ao pai? Impossível! Aí, chega aos 35 frustrado. Com 40, desabafa ao *coach*: "Não sei mais o que faço da minha vida".

Encontro milhares de pessoas assim. Então, eu entendo que a incomodação é necessária, eu acredito nela para criar os movimentos. Mas é diferente de apressar o passo, por si só, sem se conhecer e sem saber para onde ir.

Qual é a sua estrada? Não dá para ir de São Paulo a Nova York como se vai ao Rio de Janeiro. Se isso fosse viável, eu ganharia dinheiro mais rápido transitando pelos meus escritórios, mas tenho que trabalhar com as possibilidades reais.

O sentido de estudar e debater

Aos estudantes que têm oportunidade de estudar numa faculdade, recomendo que aproveitem bem a biblioteca (física e virtual), absorvam, questionem e exijam aumentar seus saberes. Embora a minha realidade não se aplique a todos, uma coisa é certa: **DIPLOMA, apenas, não resolve**.

Eu fui "convidado" a sair da escola no primeiro ano do ensino médio, sob o argumento de não acompanhar o programa letivo. Estudava em escola pública e deixava os docentes bravos por contestar aquele sistema de educação travado, estático, desconectado da realidade. Eu tinha um sério problema nas aulas de História, por exemplo. Em vez de só ficar ouvindo sobre Pedro Álvares Cabral, queria entender como lidar com o mundo lá fora.

Por viajar com as bandas, eu tinha uma percepção de geografia atualizada em tempo real. Como aquele menino de periferia podia conhecer o Brasil e alguns países, e depois voltar para a sala de aula sem se incomodar e nem incomodar todos os outros? Eu me sentia amarrado a um sistema que não transmite conhecimento e amplitude de causa. Que simplesmente cumpre o mínimo exigido no ano letivo.

Questionei, mas era um peixe fora d'água, porque nenhum outro aluno (ou professor) tinha a minha vivência e agenda. Conclusão: virei um problema para o sistema. Hoje tem Internet, mas naquela época ninguém sabia como era Manaus (e eu já tinha ido três vezes a essa capital).

"Se você não vai fazer a lição, então saia da sala." Na quarta vez que fui chamado na diretoria, o meu discurso foi o mesmo porque não aceitava estar numa aula de 40 minutos para ouvir o que já havia aprendido na 7ª, na 8ª série. Eu queria saber como vencer na vida.

– Bom, o melhor a fazer é indicarmos outro colégio, porque este segue a regra, o sistema. Fazendo o que você está fazendo, incentiva os outros alunos a fazerem o mesmo.

– Ok, mas não me interessa. Vocês acabaram de me avisar que aqui não é o meu lugar.

Cultivar essa relação de mundo "muito além da janela de casa e da sala de aula" é importante – e também vantagem competitiva no mercado. Como conviver com quem não sabe o que acontece no bairro vizinho?

Por causa do meu cotidiano e da minha percepção, eu levava dúvidas que o instrutor, professor e diretor não conseguiam me esclarecer. Queria debates que eles não podiam sustentar. Eu incomodava.

Encontrei nos livros de autores que admiro uma fonte importante para me ensinar como lidar com a vida lá fora. Richard Branson, Russell Simmons, Daymond John e Chris Gardner têm sido alguns dos meus professores. Este último, em seu best-seller *The Pursuit of Happyness*

(*À procura da felicidade*), é enfático ao afirmar que, sem fazer o melhor com o que você tem nas mãos, está comprometendo cada dia da sua vida.

O que você está procurando e como? Precisando entender um pouco de tecnologia ou inteligência artificial? Como encontrar a rodinha de bate-papo dos caras que falam disso? Alguns deles estão dentro do Instituto de Tecnologia de Massachusetts (MIT), universidade privada nos Estados Unidos. Figura entre as dez melhores do mundo. Então, uma boa ideia é viajar para Boston, tomar café numa Starbucks próxima à universidade e ficar ouvindo o que os alunos conversam. Facilita decidir se vai estudar Física Quântica.

Não pague cursinho e faculdade para depois concluir "nossa, não quero isso aqui, não". Lá se foram tempo e dinheiro da sua vida, que são recursos finitos. Os dois acabam! Seja inteligente e conheça ao máximo o assunto que importa, o mercado em que atua e os melhores em lidar com a vida lá fora.

Mas tenha a certeza de que, antes de tudo, precisa se conhecer. Para não ser mais um que cursa Direito, daí descobre que quer mesmo é ter um *food truck* na porta da faculdade de Direito. Bastava ir ao Sebrae.

Há o oposto: gente que faz dez mil coisas, tem várias formações e especializações. Fala praticamente sobre tudo. Talvez esteja atirando para todos os lados e girando em círculos. Daí, seu movimento não gera resultado sustentável, não tem propósito claro. E muito disso é porque, de novo, você não se conhece e não sabe o que quer.

Tombo, sim; rasteira, não!

Quando digo tudo o que penso, sei que incomodo muita gente, para o bem e para o mal. Alguns reagem de uma forma positiva, pensando ou dizendo "agora eu vou", "se o Hebert conseguiu, eu tenho chance".

Outros se sentem afrontados e, consciente ou inconscientemente, querem brecar o meu movimento, achando que "o Hebert não poderia estar aqui", "esse cara não pode chegar tão longe!".

Isso porque, de alguma maneira, o estilo de movimentos que eu apliquei em minha história é bem diferente. Faz com que as pessoas se sintam mais livres, dependendo muito menos de seus "donos". E é como levar educação com extrema qualidade a todos os indivíduos, sem nenhuma restrição de classe social na sociedade. Acessos e oportunidades iguais.

Uma das coisas que eu fiz para lidar com isso foi não acreditar em novo amigo. Tenho muitos colegas e poucos amigos. Para sair das estatísticas do IBGE (que divulgou em 2016 que os negros e pardos representavam 75% da população 10% mais pobre), eu tive que ser um cara muito aberto, gente fina. Mesmo me sentindo, na pele e na alma, um peixe fora d'água.

Quando eu estava em um patamar mais elevado, precisei entender que essa simpatia me custava muito, porque era usado e abandonado. Então, comecei a usar o conceito da blindagem. Além da família e da minha mulher, são poucas as pessoas que de fato sabem do meu dia a dia e da minha vida. Dá para contar nos dedos as que frequentam a nossa casa.

É fundamental para o seu sucesso ser seletivo, procurar ter menos pessoas íntimas ao seu lado. O contrário, um grupo grande, sugaria seu tempo e energia e acabaria distraindo você. Como consequência, você se perderia sem saber exatamente com quem e onde se movimentar.

Existe uma leitura de que, nas rodas sociais e no convívio cotidiano, pelo menos 20% das pessoas ao seu redor vão tentar colocá-lo para baixo de alguma maneira. Enquanto você não entende que sempre há quem queira apagar seu brilho, acha que é vacilo seu. E gasta muita energia tentando se justificar ao que os outros querem!

Coleciono algumas histórias de circunstâncias e pessoas que eu não conhecia por completo, até porque não sou adivinho. Vou aprofundando o relacionamento. Mas como não crio expectativas e nem *pré*-conceitos, ao contrário do que vivi na pele com frequência, prefiro determinar, caminhar, definir e ver se continuamos a trabalhar juntos.

Nesse "vamos continuar", por várias vezes deu tudo errado. Enquanto não entendia que o tal parceiro queria usar o meu brilho, eu achava que era um deslize meu ("devia ter feito isso ou aquilo"). Não é que você tenha de se fechar ou se apagar para não atrair problemas. Continue brilhando mais e mais. Até porque nada tem o poder de ofuscar seu sucesso, desde que você esteja seguro de quem é e do que está fazendo.

Tombo, sim; rasteira, não significa que você deve estar atento para identificar quem realmente está interessado em fazer algo bom com você. Digo isso porque, muitas vezes, somos apenas uma peça de "acesso" a algo, o que não representa nenhum problema – desde que você saiba o seu papel e ganhe por isso.

Certa vez, em conversa com o empresário João Marcello Bôscoli, ouvi dele: "Hebert, você tem muitos contatos. Como é que você faz isso ser bom para você, e não só para as pessoas que você conecta?".

Ter esse pensamento é importante. Senão, você coloca uma energia enorme em pessoas, cria expectativas e, ao final, frustra-se, pois o outro lado está olhando para o sucesso próprio (e ignorando o seu). O João me deu um conselho que me ajudou muito a vencer nos negócios. Disse que fulano deu certo porque pensou em si; que beltrano deu certo porque pensou nele próprio, em primeiro lugar. E continuou:

"Eu dei certo porque pensei em mim. E o Hebert? Pense sempre em você".

Em uma de minhas palestras, fui perguntado se não fico com saudade dos amigos da juventude e demais relações do passado. Costumo dizer que uma ex-namorada é uma ex-namorada. Você, às vezes, até tem saudade. Daí, decide marcar um encontro e fica todo empolgado.

Na hora H, quando a encontra, relembra mentalmente o motivo da separação. Com isso, você se pergunta: "O que eu estou fazendo aqui novamente?". A minha vida mudou, a minha cabeça mudou, não tem volta. Assim como a dos outros – é o que eu espero. Muitos amigos da juventude são do bem e eu desejo o melhor a eles.

Ao mesmo tempo, a incomodação me levou a outros movimentos, que foram expandindo meus relacionamentos, minhas experiências e visão de mundo. Tudo isso atraiu trabalhos e amizades de variados graus.

Ao sair do conforto do afeto dos amigos de infância, é óbvio que eu fiquei mais exposto. Afinal, quanto mais meu nome está na boca das pessoas, ainda mais que é pronunciado em várias línguas, maior é o risco de colocarem cascas de banana no caminho. Não crio expectativas em relação às pessoas e nem alimento preconceitos de cor, raça, status social. Mas sou realista. A real é que cada um deve cuidar do seu, e devemos sempre esperar menos das pessoas, respeitar as decisões e escolhas delas.

Quer saber do que mais? Existem oito bilhões de pessoas no mundo. Talvez eu tenha conhecido 100 mil. Dessas, 50 ou 60 mil *tanto-faz-como-tanto-fez*. Há 30 mil que me interessam de alguma forma e 10 mil convivendo comigo. Com essas 10 mil, sim, eu procuro estar disposto a escorregar junto, limpar o chão e seguir adiante.

Muitas outras entram naquela conta dos 20% que agem como âncoras presas ao seu pé. Para perceber se há alguém impedindo a sua caminhada, você tem de saber quem é. Veja bem. Quando fala "me larga", "me" significa "eu". Só que, às vezes, pode ouvir de volta "já larguei faz tempo, você é que acha que estou segurando, siga a sua vida".

Vale fazer o exercício de lidar com as barreiras e tentativas de ofuscar o seu brilho, pensando:

> **Se me acho realmente bom naquilo, tenho convicção de quem eu sou, mas não funcionou aqui, vou fazer dar certo de outro jeito.**

Naquilo a que me dediquei muito, mas deu errado, eu tive culpa. Não foi só do outro. Portanto, a gente nunca é 100% passado pra trás. Parte do que aconteceu foi por algum risco que ambos negligenciamos, pelas vezes que dissemos "sim" precipitadamente, por um tempo ou custo que não calculamos. Então, você tem culpa nisso.

É igual a quando a outra pessoa diz "cara, você nunca me avisou como queria ser tratado; agora, depois de dez anos de sociedade, reclama do meu jeito?". Quando não sabemos, de fato, quem somos e o que estamos fazendo, geramos ruídos nas relações, conflitos e mal-entendidos capazes de melar os projetos.

E, assim, voltamos às origens. Se você não entender que uma casa precisa de tijolo bem colocado, que um carro precisa de garagem com um bom tamanho, que a sua relação com o "sim" e o "não" precisa ser clara porque você se conhece bem, nada do que vai desenvolver, seja lá com quem for, vingará. É melhor correr para o psicólogo.

Tem gente que vai fazer buraco na sua estrada – e você terá que pavimentar. Vai querer colocar barreira ou até pedágio, veja só que ousadia! É a estrada da sua vida, caramba. Começou curtinha, mas você está fazendo para levar outras pessoas também. E passagem para mais longe custa mais caro.

É assim que eu vejo a dimensão do que é a vida, o que são as pessoas nela e a importância de me diferenciar. Valorizando que, se eu nasci pobre, hoje tenho um caminho que construí com meu trabalho para percorrer. Tenho perspectiva, acesso, história em andamento.

Tamo junto, *tamo* junto, parceiro

No avião, se as máscaras de oxigênio caem, a estratégia é colocá-la primeiro em si mesmo, e só depois na pessoa ao lado – principalmente se for uma criança. Isso quer dizer que, para ajudar, você precisa se ajudar antes. Na periferia falta essa consciência. Se alguém está se afogando, agarra-se no outro e os dois vão parar no fundo do mar, sob a lógica: "*tamo* junto, *tamo* junto".

Eu vivi isso com minha mãe. Ela sempre ajudava as pessoas, fazia tudo pelos outros, trazia para nossa casa. Só que ela estava se esgotando. Até que se viu cansada e depressiva, "sem oxigênio". Nós sempre fomos acolhedores, e eu falei que isso estava errado. Gera acomodação, passividade.

Um lado positivo da cultura individualista americana é que cada um precisa assumir os próprios problemas. Só assim cresce. Quando o filho americano faz 16 anos, já sai de casa para morar com amigos ou sozinho, em outra cidade – faz parte da cultura. Não vai ganhar carro de ninguém, não.

"Depois que você se formar, a gente conversa" – é a mentalidade de lá. Nós, brasileiros, admiramos as habilidades que esse povo tem de fazer negócios, de encantar clientes (Disney na veia), de ter uma indústria do entretenimento e universidades de alto nível. Por que será?

Portanto, pense em você. Acredite que consegue. Faça por você. Vá na frente, abra caminho, seja alguém. Daí poderá oferecer algo de bom aos outros. Quando não sabe o que está fazendo e nem o que quer para si, vai ser exemplo do quê? Apoio para quê? Não conquistou nada sozinho e vem ensinar?

Infelizmente, a mente das pessoas é, sobretudo, a mente do medo. O sistema prefere reforçar esse sentimento, para que elas se limitem a continuar servindo – e não queiram ser donas do local onde trabalham. Consequentemente, precisam do resguardo da família, dos amigos que vivem a mesma realidade, da comunidade.

Por que o pobre tem muito mais filhos do que o rico? Não é só uma questão de camisinha. Bate o medo de precisar se virar sozinho numa sociedade que o exclui, o marginaliza, quando deveria ser inclusiva. Quando falta praticamente tudo, a necessidade de amparo humano fica maior. É o que eu chamo de montar um espírito de corpo.

Por exemplo, há o pensamento "como é que eu construo uma casa se tenho um único filho?", ou "como obtenho uma renda familiar para sobreviver sem ninguém para me ajudar?", ou ainda "quem vai cuidar de mim quando eu ficar doente e envelhecer?".

Repare que as pessoas com mais conforto, estudo e outros recursos estruturais não têm esse tipo de preocupação (tanto de somar esforços quanto de dividir os perrengues do dia a dia). Inclusive tendem a casar menos ou mais tarde, engravidar menos, conforme mostram indicadores do governo. Já quem nasce com pouca condição precisa ter mais gente para, de algum jeito, melhorar sua condição de vida. Seja para encher uma laje, seja para catar latinhas e comprar comida com o dinheiro da venda, fazendo a única refeição do dia juntos.

Costumo usar a analogia de que o mau preparo e o descaso da sociedade levam o pobre, na maioria dos casos, a querer socializar o seu barquinho, sem pensar que ele fica mais pesado e lento. Facilita desistir de remar, acomodar-se e vitimizar-se com o governo, que "vende" promessas de amparo em troca de votos, mas depois o deixa à deriva. Essa é uma mentalidade antiga que precisamos mudar.

Como é que o Brasil vai evoluir ignorando esse aspecto? Quando falo sobre isso, não estou pregando a tese de que "o mundo precisa ser dividido por igual". Não! Quero que as pessoas entendam que a esperteza de uns, sobre a passividade de muitos, mantém todos num país de Terceiro Mundo. E isso afeta a postura do empresário brasileiro quando faz negócios no exterior, por exemplo.

Eu viajo muito para países de Primeiro Mundo, certo? Não posso chegar lá querendo imprimir que sou do Primeiro Mundo. Está claro que eu sou do Terceiro Mundo. Minha moeda, meu ser e minha condição denunciam totalmente.

Sempre esteve claro, para mim, que eu era um cara da periferia. Não banco o novo-rico querendo ser rico, como vejo muitos brasileiros tentarem, sem sucesso. Mostro quem sou e me preparo muito.

Conheça o território para depois conquistá-lo

Quando inaugurei com o Max de Castro e o Alvaro Alencar a H.A.M.nyc, nossa produtora de áudio nos Estados Unidos, o objetivo era conquistar clientes. Porém, decidimos antes entender, sem custos demais e acumular dívidas, esse terreno novo em que estávamos pisando.

Ao fim de 16 meses, nós tínhamos visitado mais de vinte agências de publicidade. Qual foi o maior ganho? Hoje sabemos exatamente como funciona a operação e os serviços desse segmento nos Estados Unidos. Ampliamos nosso conhecimento profissional e, de quebra, fomos elogiados pelo trabalho já realizado no Brasil.

Essa estratégia de lançamento me fez entender ainda mais que, mesmo sendo de um país relativamente pobre em relação aos Estados Unidos, **não somos menores, somos capazes.**

Eu sempre costumava iniciar as reuniões dizendo:

"Antes de tudo, saibam que eu não sou um imigrante tentando dar certo aqui. Sou um empresário estrangeiro trazendo inovação para vocês, com o trabalho da minha equipe".

PARTE 3

O EXERCÍCIO DO TEMPO, NOSSO MAIOR LUXO

Valorizar o tempo é fundamental para qualquer coisa dar certo. Ele é o maior luxo que devemos conquistar na vida. Especialmente no universo do entretenimento, digo aos apressados que não tem jeito: sucesso leva tempo, mesmo quando PARECE que foi de uma hora para a outra. Não foi.

Além de conhecer qual é o seu talento, obviamente os empresários, os artistas, os atletas que hoje são donos de uma carreira sólida tiveram paciência, persistência e foco. Simples assim. Se você desfoca, facilmente desiste no meio do caminho. Não é só fazer para conseguir, é manter o que conseguiu.

As pessoas precisam entender que as coisas não são imediatas. É fundamental perceber que leva tempo para ver os projetos acontecerem, vingarem, serem realizados com retorno positivo. É preciso ter experiência e maturidade para manter o que conquistou. Lidar com o nosso tempo, com o tempo das coisas e até das outras pessoas é fundamental.

Antes, tínhamos a famosa frase "Tempo é dinheiro". Eu acredito que a frase que mais combina com os dias de hoje é outra: "O tempo é o maior luxo do mundo". **Ter tempo é ter tudo.**

O Waze e o Google são ferramentas superutilizadas atualmente. E são capazes de otimizar o tempo, seja do caminho, seja da pesquisa. Por outro lado, você começa a substituir o valor do tempo de saber e aprender pelo conforto e agilidade das ferramentas.

Você chega ao destino. À informação também. No entanto, o que se aprende ou o que se faz com isso? O tempo de aprender sobre qualquer coisa continua sendo a base para você sempre estar preparado.

Precisamos querer viver valorizando o tempo

Isso é uma das grandes coisas que a geração digital precisa entender – ainda mais agora, quando a Internet torna quase tudo instantâneo. O tempo está muito relacionado à necessidade e vontade de cumprir um objetivo, uma meta. E isso cria uma dificuldade extra especialmente para jovens tão conectados com os resultados (e prazeres) imediatos.

Seu filho, seu estagiário, seu cliente, seu seguidor nas redes sociais pensam: "Ainda sou uma criança e já escuto que eu posso SER TUDO o que quiser". Ledo engano. Ninguém vai ser tudo o que quiser, e ainda poderá perder muito tempo se acreditar nisso. Sabe por quê? Há uma porção de situações que não dependem somente de vontade ou empenho individual.

Sonhar não é em vão. Nós podemos e devemos, mas sendo também realistas e proativos. Quando eu olho para a geração dos meus pais, por exemplo, constato que, mais do que sonhou, conquistou.

Era uma época bem mais restritiva e difícil; porém, com caminhos e papéis definidos. Por exemplo, quem conseguisse concluir uma faculdade tinha ótimas chances de emprego. Hoje, diploma de curso superior continua valorizado, mas não garante absolutamente nada.

Você já pensou que um jovem que só consegue frequentar escola alvo de balas perdidas também joga videogame com outros da sua idade, na China e na Austrália, pela Internet? Ao mesmo tempo que ele tem esse acesso global, enfrenta o desafio de precisar se comunicar melhor e de saber concorrer com muitos jovens de capacidade similar por um lugar ao sol.

Ele precisa de preparação, atitude, aprendizados, um tempo de maturação. Não dá para resolver isso apertando um *play*. É um processo.

Não nego que existam *cases* de sucesso motivados por essa comunicação imediatista. Mesmo assim, ser bem-sucedido exige aprender a ter cuidado com o tempo e exercitar, inclusive saber perder.

Entenda que a derrota é um momento, não representa toda a história da sua vida. Você simplesmente teve uma semana não muito boa, uma entrevista de emprego desastrosa, um *business* que "deu ruim". Quem nunca?

Se eu fosse um imediatista, ficaria ansioso, desesperado. E poderia me precipitar. Não! Às vezes passo dias com a conta bancária zerada, mas sei que tenho patrimônio intelectual, braçal, de coragem e autoconfiança para continuar no meu caminho de batalhas.

> **O essencial é a gente sempre fazer aquilo que sabe ser capaz, de que gosta e em que acredita.**

Três graus de separação

Você já deve ter ouvido falar na teoria dos "seis graus de separação", que diz que, entre uma pessoa (como você e eu) e qualquer outra no mundo (incluindo a cantora e atriz Lady Gaga e um operário numa fábrica de peças para smartphones na China) existe um caminho que passa por no máximo seis conhecidos ou intermediários.

Concebida inicialmente pelo escritor húngaro Frigyes Karinthy e desenvolvida pelo dramaturgo irlandês John Guare, essa teoria chegou à cultura pop sendo gancho para filmes como *Seis Graus de Separação, Crash – no Limite* e *Babel* tratarem das conexões humanas.

Pois bem, a tecnologia está fazendo essa distância encurtar. Um estudo do Facebook, em parceria com duas universidades internacionais, mostra que você pode chegar a qualquer pessoa com apenas três intermediários e meio, em média. Não precisamos ir muito longe, temos sobrinhos que conversam e jogam videogame do seu quarto com garotos de continentes diferentes, sem nunca terem se visto.

O ponto que eu gostaria de tocar: esse avanço na comunicação é impressionante, fascinante. Só que as pessoas precisam estar ainda mais preparadas para lidar com essa aceleração. E geralmente não estão. Daí improvisam, se atropelam, se apresentam com postura e discurso fracos.

Quando encontrei Russell Simmons em Cannes, fui conversar com ele porque me sentia preparado. Tinha mais maturidade como pessoa e como profissional para apertar a mão daquele que era um dos meus mentores, trocar ideias e valores de vida.

Não fiz anos antes, quando, por uma coincidência, jantamos no mesmo restaurante em Nova York. Preferi aguardar o momento certo.

É claro que eu me senti muito honrado por estarmos no mesmo ambiente, pois significava que eu havia avançado nos meus movimentos de vida. Sabe o que é me ver ali, sentado a alguns passos do empresário que assinou um livro que eu amei, que me inspirou a contrariar o provável destino de um garoto pobre e me autorresponsabilizar pelo meu futuro?

Eu não imaginava encontrá-lo. E, na ocasião, a amiga brasileira Laura Barreto sugeriu:

– Ah, pede uma foto com ele, por que não?

– Não, não faz sentido eu pedir uma foto.

Foi como estar na presença de uma pessoa muito importante, de Deus. Não cabe pedir foto. Você tem que observar a pessoa e como ela se comporta. Você tem que tentar extrair dali uma energia, um raciocínio, para que aquilo sirva de motivação, e não necessariamente se perca com a tietagem, idolatria, banalizando o encontro.

Estamos nos esquecendo de contemplar quem nos inspira

Com outro empresário americano, também rapper, mais conhecido como Jay-Z, foi a mesma coisa. Estivemos juntos algumas vezes em festas, mas eu só o observava. No momento certo, em 2013, me aproximei do escritório de agenciamento estratégico dele, a *Roc Nation*, e consegui ter quatro reuniões com empresários dele. Fui sabatinado a respeito do meu trabalho e do meu agenciado, Anderson Silva.

Na quarta vez, eu começava a fazer uma apresentação sobre o potencial de *branding* (marca) do lutador, quando O cara adentrou na sala.

– Olha, quem você mais queria está aqui, na nossa sala, na nossa mão – disse um dos empresários, Jean Perez, a Jay-Z, referindo-se a mim.

Nós nos cumprimentamos e eu fiz a apresentação para ele. Expliquei a importância que aquele escritório teria na estratégia que eu queria desenvolver para o lutador dentro dos Estados Unidos, assim como já tinha feito no Brasil com a 9ine, agência de marketing esportivo que Ronaldo Fenômeno tinha na época e que fechou em meados de 2016.

Eles entenderam que o projeto já tinha uma força, uma certeza, uma consistência. E Jay-Z reagiu da forma que eu queria:

– Só vamos acompanhar você, estar perto de vocês. Eu não preciso fazer nada. Você já fez. Isso é mérito seu.

Quando eu ouvi aquilo, explodi por dentro de felicidade, só não demonstrei. Todas as grandezas dele eu já sabia de cor. Mesmo assim, numa hora em que me questionou qual seria o próximo passo, pude dizer:

– O próximo passo é você me mandar uma proposta, porque eu não vou tomar uma decisão baseada na sua fama. Eu tenho que tomar uma decisão através do seu escritório, baseado no modelo de negócio que vamos construir juntos. E vou levar para o Anderson Silva avaliar.

Ele gostou da minha postura, aprovou e emendou:

– Por que você não falou comigo nas outras vezes?

– Eu estava me preparando para este encontro. O fato de observá-lo, de entender como você lida com as pessoas e com os negócios, me fez chegar até aqui e poder receber os seus elogios.

Jay-Z é a evolução do Russell Simmons. Surgiu numa outra geração. E o que eu levo de mais importante dessa aproximação é poder olhar para esse ídolo mundial e, mesmo valorizando tudo de genial que já fez, também enxergar que é um ser humano como todos nós.

Portanto, o tempo é amigo de quem faz negócios. Essencial para a preparação, como eu acabei de exemplificar, e também estratégico para construir uma relação de confiança. Você precisa estudar o outro, saber onde está pisando, para confiar a ele seu nome, sua história, sua imagem. A recíproca é verdadeira.

Sem usar cabides demora mais

Eu quis me relacionar com ídolos que admiro e respeito. E não me pendurar neles. Vários artistas quebram por se enredarem numa vida de ilusão. Quando não se conhecem para mostrar o seu melhor, o que fazem? Eles se agarram nas pessoas que acreditam serem mais fortes e influentes. Alguns, inclusive, se casam com "cabides". Não percebem que precisam ser fortes por si mesmos.

Nunca quis ser conhecido como o eterno agente do famoso X. Pareceria um caminho mais curto se eu buscasse outro lutador em ascensão depois de ter agenciado com sucesso o Anderson Silva. Não funciona assim. Cada experiência deve ser única.

Pensar dessa forma me faz trabalhar com os melhores profissionais de diversos setores da comunicação e do entretenimento. Diversidade de desafios e mais chances de sucesso, só que leva mais tempo. Daí você pensa: "Ah, Hebert, então você precisa conhecer muita gente mesmo!". Isso está feito, está posto.

Além da falsa ideia de que o bom é o instantâneo, há o autoengano de que você precisa mostrar ao mundo que é bem-sucedido. Faz post na rede social sorrindo (embora não se sinta feliz), aparenta estar com uma boa vida financeira (apesar de viver sendo cobrado pelo gerente do banco). Põe um filtro bem bacana (mero truque para maquiar a realidade e tornar o feio mais agradável e belo), que endossa a farsa. A chamada *Insta ostentação* (é o que mais se publica no Instagram) é muito presente nos dias de hoje.

Por um lado, a facilidade de relacionamentos virtuais, via redes sociais e aplicativos, abre muito mais possibilidades de se conectar com várias pessoas, seja para encontrar um(a) namorado(a), seja para ampliar o networking com profissionais da sua área. Por outro, se ficar somente atuando nesse meio, sem expandir, você perde o mais importante: a oportunidade de usar seu tempo para conhecê-las de verdade, gerando amigos e/ou excelentes negócios.

Tempo de arriscar e de ERRAR

Você não tem tempo para ficar errando e errando. Precisa fazer *de tudo* para não errar. O discurso dos empresários, especialmente os bem-sucedidos, é "você só aprende se erra". Não. Não queremos falhar. Mas, se falharmos, devemos aprender algo. Afinal, tivemos alguma responsabilidade sobre aquilo que deu errado.

> **Isso derruba a ideia de que fomos 100% passados para trás. Alguma brecha ou lacuna, algum deslize, nós deixamos.**

Talvez sejam os "sim" que nós fomos dizendo… Pode ser que tenhamos feito menos perguntas do que deveríamos… Fico pensando que, na ótica desses empresários, eu me permitiria errar e errar de novo. Só que no terceiro erro não teria mais força, condição e tempo de consertar. Isso vale para a carreira e até para as amizades.

Fora que, enquanto penso "vou indo, e se não der certo eu faço de novo", não estou planejando.

Numa relação amorosa é a mesma coisa: você topa passar seis anos casado testando? E mais seis testando, sendo que pode ter tido um filho no caminho? Isso leva muita gente àquela conhecida crise existencial dos 40 anos, quando fica martelando na cabeça a pergunta: "O que é que eu estou fazendo da minha vida? Por que estou todo esse tempo do lado dessa pessoa que não me completa e a quem nem faço feliz?". E de quem é a responsabilidade por se sentir desnorteado, que não da própria pessoa?

Errar faz parte, mas você não pode SER o erro. E é difícil conseguir avaliar isso. Veja bem, erra e aprende, correto? Com isso, cresce e melhora. Se errar mais uma vez ou viver de erros, precisa avaliar onde está o problema. Muitas vezes está dentro de você mesmo, e não naquilo que faz.

Se eu contar uma história de que errei, errei e errei de novo na vida, depois lamentar que não tive a oportunidade de acertar, o que estou dizendo? Em outras palavras, que EU SOU UM ERRO. Pois esse sentimento mata nossa força de viver, e começamos a nos autossabotar. Vira um círculo vicioso, percebe?

É por isso que volto ao exercício de antes, saber QUEM eu sou para depois saber O QUE faço. Experimente seguir essa lógica, permitindo-se ajustar a si mesmo primeiro. Consequentemente, vai se organizar e perceber melhor seus erros, a fim de sair deles, melhorar sua vida e poder seguir em frente com mais sabedoria e conhecimento.

Pare de bater a cabeça

Precisamos lembrar também que o dinheiro é finito, o tempo é finito. Dê cambalhota enquanto consegue. Sim, a gente vai morrer. Querer abraçar o mundo não é inteligente. Faça escolhas. Tenha foco. Caminhe numa direção.

Se você determina um tempo relativamente curto para obter resultados do seu investimento emocional ou profissional, vai sofrer, batalhar, correr, cair e levantar, mas será por causa de uma certeza na qual acredita. Se você acha que esse é o prazo ideal para concretizar seu projeto, vai ter mais segurança de estar fazendo a coisa certa.

E tem mais: mesmo que as coisas não ocorram como poderiam, sigam por caminhos inesperados, vão dar certo porque você estará fazendo aquilo que ama. Utilizando a sua energia como combustível para tudo e todos os envolvidos avançarem. Isso é movimento.

> **Para não desperdiçar seu investimento emocional ou profissional, faça algo, porque você confia na sua escolha. No mínimo, porque é apaixonado pelo que escolheu.**

Se o início da vida é zero, e você começou com *menos 10* pontos, como eu, vai ter que batalhar dobrado para ficar, pelo menos, no zero a zero, com quem nasceu e cresceu recebendo as condições básicas de saúde e educação.

No meu dia a dia, tenho que lidar com pessoas que já começaram com vantagens socioeconômicas – ou seja, com *mais 10* pontos. Lidar com essa realidade é entender que vou levar mais tempo para alcançar meus objetivos. E aceitar isso me faz mais forte e focado. Não gosto de usar meus minutos para reclamar ou me vitimizar, por exemplo.

Tudo é pra hoje? E amanhã?

Quando você é líder num projeto ou negócio, tende a se sentir muito solitário ao final de cada dia, por achar que precisa resolver tudo e hoje, sem ter com quem dividir as decisões mais difíceis. E ainda há aqueles que usaram seu tempo só trabalhando, isolando-se nos problemas da corporação, e não investiram tempo na educação de um filho, que por isso tem tudo para crescer e causar grandes dores de cabeça.

O antídoto é preocupar-se ao menos um pouco em não perder os relacionamentos que constrói. Avalie se está dedicando algum tempo para se movimentar com as pessoas, consigo mesmo e com a vida.

Os relacionamentos humanos precisam ser mais íntegros, mais valorizados do que o relacionamento com os veículos, as ferramentas e os acessos tecnológicos de comunicação que essa geração explora hoje.

A pausa em responder a uma mensagem, a espera pelo dia certo para fazer uma abordagem, o momento bem pensado para iniciar ou terminar algo, tudo isso é importante. E, assim, a gente elimina essa ansiedade do imediatismo, das respostas "para ontem", das relações líquidas, da pressa em chamar de amigo alguém que você mal conhece.

Tudo isso que acabei de citar reflete em nossa rotina, econômica e socialmente. Significa que ser instantâneo não necessariamente é ser melhor, e que olhar só para o que parece urgente pode pôr em risco o que é importante.

Eu tenho tido esses cuidados. E quis dedicar um capítulo inteiro deste livro a reforçar que a coisa mais preciosa na vida de todos, hoje, é valorizar o tempo. Ele é o maior luxo do mundo, e não uma bolsa, um carro, um emprego, um jato.

Agilidade para não perder boas oportunidades é muito diferente de ansiedade. Tenho a convicção de que o nascimento de um projeto maior, no qual você coloca todo o seu conhecimento, experiência, dinheiro e relacionamentos, pode demorar vários anos.

A minha empresa Kal911 é um bom exemplo. Fiz vários trabalhos antes de lançá-la oficialmente. Já tínhamos escritório em Nova York e contratos fechados, até que chegou a hora de divulgar no Brasil o que já acontecia havia dois anos.

Outro exemplo que gosto de dar: demorei quase dois anos me relacionando com o Anderson Silva, até que fui convidado para fazer o marketing da sua marca.
– Não entendo nada disso – eu respondi.
– Cara, confio em você, acho que pode fazer.
E eu fiz um grande trabalho, do qual me orgulho muito.

> **"Sem patrocínio e ignorado pela grande mídia, eu havia tomado a decisão de contratar um profissional talentoso para cuidar de minha imagem. Com esse objetivo, convidei Hebert Mota para assistir ao combate. Ele gostou do que viu e passou a trabalhar comigo. Foi a primeira vez que alguém fora do mundo das lutas ingressou na equipe."**
> Anderson Silva, em seu livro *Anderson Spider Silva – O relato de um campeão nos ringues e na vida.*

Entrando no ringue

O primeiro grande dinheiro que eu fiz na vida foi agenciando a carreira do Anderson Silva. Em quase quatro anos eu fechei uma quantia aproximada de R$ 20 milhões em contratos publicitários e de marketing, dos quais eu soube recolher a minha comissão e reinvestir na minha carreira.

Dei meu máximo para que pudesse ter essa história vitoriosa na minha estrada. Ela começou em 2007, naquela viagem que mencionei a Los Angeles, a fim de resolver para o Netinho uma questão de contrato da TV da Gente com a WME, maior agência de entretenimento do mundo. Na imigração do aeroporto encontramos um grupo de atletas brasileiros da equipe do Anderson com o grande amigo dele, o Feijão, também lutador de MMA.

Eles reconheceram o Netinho, que já era bem famoso, e começamos a conversar. Eu contei que tinha dirigido o espetáculo e o DVD de um cantor de *rap*, o Pregador Luo, que fez uma música em homenagem aos lutadores de MMA.

Anderson tinha acabado de ganhar o cinturão da categoria de pesos--médios contra Rich Franklin (outubro de 2006), e vencido Travis Lutter, do reality show *The Ultimate Fighter 4* (fevereiro de 2007).

Não ficamos íntimos de cara. Mas nos encontramos algumas vezes no Rio de Janeiro, e eu viajei várias vezes aos Estados Unidos para encontrá-lo e prestigiar seu trabalho. Tudo por conta própria e pela ideia do movimento. Ele convidava, e eu simplesmente ia.

Em 2009, ele recebeu um convite para fazer sua primeira campanha publicitária junto com o nadador Cesar Cielo (o homem mais rápido do mundo na piscina naquele ano) – era a campanha publicitária no Brasil da Dafra Motos, por meio do Guga Ketzer, sócio e diretor de criação da Loducca.MPM na época.

Em 2010, lançamos o documentário "Como Água". O título é forte, inspirado na célebre frase antitensões do mestre Bruce Lee: "Seja como água, meu amigo". Comecei a divulgar oficialmente o lutador no Brasil no final desse ano, levando-o a vários programas de TV. Ele já tinha vencido algumas lutas no exterior, o que colaborou para ganhar certa visibilidade.

Realizei um trabalho gigantesco, que marcou meu movimento da música em direção ao esporte e à comunicação de um modo geral. Saí da função de carregar caixas de som para me tornar empresário de um dos maiores ídolos nacionais, que eu fiz. Sim, eu fiz, pois até então esse tipo de luta era visto como rinha de galos e gerava críticas do tipo "esse negócio aí tem sangue".

Da mesma forma tranquila e amigável que conheci o Anderson, finalizei um ciclo em 2014, sendo considerado um empresário que fez algo inédito no Brasil. Sem ao menos ter tido – como os outros escritórios de empresários do mercado de futebol ou celebridades – estrutura, status ou amparo financeiro. Minha estratégia, que se revelou acertada, foi buscar parcerias.

A 9ine, agência de marketing esportivo do Ronaldo Fenômeno, foi essencial para mim. Também pedi ao meu amigo Stanlei que me apresentasse ao publicitário Sergio Amado, presidente do Grupo Ogilvy Brasil, que era investidor e sócio na 9ine.

Feita a ponte, a 9ine passou a administrar a carreira/imagem do lutador brasileiro Anderson Silva, que ganhou em combate com Vitor Belfort o título mundial do UFC[1].

Foi interessante que, nessa época, o empresário de mídia Fabinho Amado tinha um business chamado BusTV, que impactava até 1,2 milhão de pessoas por dia dentro dos ônibus em uma dezena de cidades brasileiras. Ele pediu uma entrevista com o Anderson.

Muitos me diriam: "Você tem que privilegiar as grandes emissoras de TV, as revistas mais importantes, em vez de olhar para a comunicação em ônibus". Mas sempre entendi que, quanto mais eu expandir, quanto mais eu ampliar, melhor. Isso tem a ver também com não discriminar tamanho e oportunidade.

Todos nós ficamos superfelizes com o resultado, ainda mais que a entrevista gerou uma visibilidade muito positiva ao lutador. E esse Fabinho – por acaso de novo, em função do movimento – contou de quem era filho (do Sergio Amado). Que coincidência bem-vinda!

Se eu tivesse negado o pedido dele, talvez não tivesse conseguido me encontrar em outubro de 2010 com o presidente da Ogilvy. Nessa reunião, com a presença dos outros sócios, Luiz Leite e Fernando Musa, me perguntaram:

– O que você quer fazer e aonde você quer chegar?

Eu respondi não pelo Anderson, mas por mim:

– Quero ser um grande empresário. Bem-sucedido no mercado. Estou investindo na carreira do Anderson faz um ano, e ele representa um ótimo produto.

Ainda assim eles duvidaram. Ainda assim eles não acreditaram, pois o foco da 9ine estava na Copa do Mundo, e futebol seria o grande negócio deles.

Só que, em fevereiro de 2012, a 9ine quis assinar um contrato para agenciá-lo publicitariamente – uma semana antes da luta com Vitor Belfort. Por quê? Nós tínhamos um Anderson se transformando em ídolo nacional. Nós tínhamos um Anderson que as pessoas queriam conhecer

---

1 Ultimate Fighting Championship (UFC) é a organização de MMA que produz os mais importantes eventos desse esporte ao redor do mundo. Tem sua base atualmente nos Estados Unidos. Foi fundada em 1993.

melhor. E eu havia feito um trabalho de base com consistência suficiente para responder a essa demanda, e a 9ine também enxergou isso.

Conclusão: esse tempo entre 2009 e 2011 representou só o meio do caminho. Durante 2011 e até meados de 2014, nós conseguimos não apenas fechar grandes contratos, mas também construir a marca do atleta e a da UFC, transformando-as em símbolos de sucesso no Brasil.

Em outubro de 2014, o Anderson já tinha tomado nocaute, fraturado a perna e estava se recuperando. Ia voltar a lutar em dezembro. Ele desejava fazer algumas coisas com as quais eu não concordava, que poderiam acrescentar algo à carreira dele. Respeitei sua vontade e tomei a decisão de não mais continuar a agenciá-lo.

– Quero isso! – disse Anderson.

– Isso não vai dar certo, e eu não vou assinar o que não dá certo, não! – eu disse, com a sinceridade que um agente deve ter, e abri mão.

Anderson procurou outros empresários, que decidiram construir outro caminho, diferente do meu. Não era um caminho ruim, mas era um caminho em que eu não acreditava. Daí a importância de investir naquilo em que se acredita.

Em 31 de janeiro de 2015, ele lutou com Nick Diaz e foi flagrado no antidoping. A partir daí a carreira dele não foi mais a mesma.

Maturação para ter qualidade

Os amantes da cerveja artesanal, mercado que vive um *boom* no Brasil, valorizam tanto a maturação e a temperatura porque sabem da sua importância para o arredondamento dos aromas e sabores. A construção de imagem, reputação e carreira de um profissional ou de um negócio também requer esse tempo de "arredondamento", que chamo de ciclo.

Eu vivi o ciclo de viajar com as bandas como *roadie*, tive o ciclo de viajar pelos Estados Unidos para divulgar nosso estúdio novo, assim como o ciclo com Netinho e com Anderson Silva. Ciclos terminaram, ciclos começaram, ciclos permanecem enquanto eu enxergar algum propósito nisso. Meu ciclo familiar nunca fecha, é eterno.

Ao contar a minha trajetória como agente do Anderson Silva, quero dizer que existiu um tempo de construção da imagem. E é isso o que as pessoas não querem fazer: considerar o tempo de maturação e usá-lo a favor de um objetivo concreto. Repito: foram dois anos de "aquecimento" no nosso relacionamento até eu lançar a história do Anderson no mercado de mídia em 2010.

Depois, apresentar ao Ronaldo em 2011 e fecharmos contrato. E em 2012 ganharmos muito dinheiro. Como o Anderson já fazia muito sucesso no Brasil, a minha interpretação foi: "Agora, preciso colocá-lo no radar do mercado publicitário americano, como fiz no Brasil. Vou procurar um escritório de agenciamento estratégico lá. Quem é o Ronaldo dos Estados Unidos? É o Jay-Z".

Foi um excelente *business* enquanto durou. Em 2014, me retirei dessa luta sem ser nocauteado, me sentindo realizado com tudo o que me propus a fazer. Meu maior ganho não foi financeiro. Foi entender a importância de ter investido no tempo.

Com esse trabalho, também criei relacionamentos, viajei muito, conheci pessoas pelo mundo inteiro. Com todos esses contatos, eu comecei a fechar outros tipos de contrato dentro do universo do entretenimento e da comunicação.

A cada viagem que faço, sempre procuro otimizar o TEMPO em prol dos movimentos. Por exemplo, quando conheci o Anderson (2007, em Los Angeles), eu estava indo para a reunião na WME Agency. E nela estavam presentes figuras como Edward Ryan, Jeff Atlas e Charles King.

Edward Ryan é um executivo de prestígio nos Estados Unidos, e no Brasil foi CEO da rede Cinemark. Jeff Atlas é produtor de cinema e conteúdo, tendo trabalhado com Michael Jackson e Nick Cannon (MTV) e tem vários contatos na indústria do entretenimento. Desde então, todas as vezes que vou a Los Angeles me encontro com eles.

Com Charles King, que hoje é considerado *O cara* de Hollywood, empresário dos atores Denzel Washington, Viola Davis e outros, fui mais além. Sua agência MACRO já está fazendo negócios com a minha.

Esse é o meu ciclo de contatos. Manter as relações, otimizar o tempo e estar em movimento é o ingrediente do meu sucesso.

Aprender lá atrás como se portar lá na frente

Por trás dos negócios que movimentei com a marca Anderson Silva, houve o aprendizado lá atrás sobre como eu deveria me portar mais adiante. Fiz a lição de casa, cheguei lá, na frente do Ronaldo Fenômeno e do Jay-Z, por exemplo, e soube me portar como um empresário que se valorizava e sabia o que queria.

Isso aconteceu comigo em várias ocasiões, como quando acompanhei o Netinho em 2006, que foi palestrar para políticos negros americanos em Washington DC, na sede do Senado Americano Capitol Hill. O ex-presidente Barack Obama, então senador, estava na sala. Naquela época, eu não sabia quem ele era e nem imaginava o que viria a ser mais tarde.

Consegui ter acesso a lugares e situações que a maioria não tem por mérito e credibilidade, conquistados ao longo de anos de trabalho e postura. No entretenimento, ou você sabe se portar, ou se lasca. E perde dinheiro, contatos, seu luxuoso tempo (que poderia ser usado para aumentar ainda mais seu dinheiro e seus contatos).

Postura é não tentar ganhar autoestima comprando carros, baladas, pessoas. É focar no que mais importa. Se você é talentosíssimo na música, no esporte ou em alguma tecnologia, e acumula em um ano um dinheiro que os outros demoram dez vezes mais tempo, procure se preparar para lidar com isso (ou depois de nove anos esse dinheiro acabou).

Entenda que precisa ser estratégico nas atitudes que escolher tomar nos anos seguintes, sem a entrada daquele montante tão excepcional que antecipou.

> **Como é que você vai reinve$$$$tir?**
> **Ou como quer evoluir a partir do que conqui$$$$tou?**

Quando deixei o Anderson Silva, montei dois negócios no lugar de ficar preso à vida do lutador e virar uma viúva dele. O que está em jogo não é só o valor monetário, mas, sim, o de respeito, confiança e credibilidade no mercado.

Que bom que há vários exemplos no Brasil de personalidades públicas que saíram da posição *menos 10* pontos e continuamente vêm construindo oportunidades. Não ficaram presos apenas ao seu talento nato e nem "sentaram" na sua fama. Ronaldo Fenômeno é um exemplo claro disso.

Eu tive a oportunidade de estar perto dele como parceiro de negócios e vi a importância que ele dava à longevidade da sua marca. O ex-jogador compreendeu quanto vale, quantos milhões de dólares tem, e quanto, quando e como gastar. Nessa avaliação, obviamente entram os valores: em primeiro lugar, cuidou da família, depois investiu em possibilidades de negócios.

Também é prudente selecionar as pessoas ao seu redor e seguir a vida com ofício e foco, a fim de entregar aquilo que prometeu, mantendo assim a sua marca forte, viva e cara. Um atleta ou outro profissional do entretenimento geralmente tem carreira curta e precisa continuar se capitalizando, para que possa se aposentar sem precisar depender dos amigos.

Um artista que faz sucesso na mídia durante cinco anos, um atleta que ganha todas as medalhas durante sete anos, ou um youtuber com audiência invejável devem ter a consciência de que essa alta performance é transitória e volúvel. Independentemente de quantos milhões ganhe, nesse curto período de tempo precisa pensar em como vai aplicar para garantir o seu futuro.

No entanto, o que mais vemos é o inverso. A maioria gasta tudo antes dos 50 anos. Acha irresistível viver intensamente tudo aquilo que nunca teve. E naturalmente esse desejo faz com que dê muito mais valor à autoafirmação e outras emoções do momento do que a garantir merecidos conforto e descanso no seu futuro. Até porque atingir um resultado de alta performance exige muito esforço e resiliência.

Falo de uma construção para a sua longevidade. Você até pode ganhar muito dinheiro de uma vez, mas ele precisa existir para uma vida longa. No entretenimento, na música, aquele que tem um dom específico, uma genialidade, fatura facilmente R$ 100 milhões em dois anos.

Só que o mesmo raciocínio vale para um fabricante de carros ou de panelas. Se o seu produto é realmente bom, quando você consegue que seja produzido e vendido em maior escala – claro, preparando-se estruturalmente para isso –, ganha muito dinheiro. Opta por gastar numa casa luxuosa em vez de reinvestir no seu negócio? Se seu produto não se renova, é só uma questão de tempo para deixar de existir.

Inovar é uma necessidade, seja para artistas e atletas, seja para fabricantes de panelas e de celulares. Reinventar o seu negócio, a sua marca, a sua entrega é essencial para a continuação da sua história.

Como inspiração, a história de Russell Simmons é espetacular. Foi o primeiro negro nos Estados Unidos a acumular o que o mercado chama de *Black Money* (dinheiro negro). A expressão ganhou corpo a partir da década de 1990, quando surgiram empresários bem-sucedidos. Hoje o movimento ganha força no Brasil, incentivando o consumo de produtos e serviços produzidos por afrodescendentes dentro de um conjunto de ações que fomentem o empreendedorismo.

Simmons é um dos maiores exemplos que eu conheço. Criou sua marca de roupas, a Phat Farm. Além de produtor de musicais, fundou a pioneira Def Jam, gravadora voltada ao *hip-hop* e H&B (Rhythm and Blues). O cenário da música urbana crescia nas grandes capitais, principalmente em Nova York; e Russell transformou seu grupo de *hip-hop* Run-DMC em negócio, que depois virou modelo a ser seguido. Jay-Z que o diga!

Russell montou um *label* ao integrar seus negócios à cultura e ao consumo americano, promovendo a *urban music*. Seus rendimentos combinados fizeram dele um grande homem, milionário, importante para os investidores. Conclusão: aos 59 anos, ficou em primeiro lugar entre os dez empresários mais bem pagos de 2017, segundo a *People With Money*.

E ele não para de movimentar. Decidiu produzir uma série de documentários sobre a história do *hip-hop*.

> **"I'm young enough to know the right car to buy / Yet grown enough not to put rims on it."**
> Jay-Z[2]

---

2 Eu sou jovem o suficiente para saber o carro certo para comprar / Mas crescido o bastante para não colocar calotas nele (tradução de trecho da música *30 Something*).

Como eu sei que tem muita coisa pela frente, não desanimo, não deixo de movimentar meus negócios e também não gasto dinheiro à toa. Preciso pavimentar ainda mais a minha estrada. E não faço isso sem planejar, pois preciso ter cuidado com o que possa vir na minha direção.

Não acelero demais, porque posso ter um acidente. Jamais poderia escrever um livro na correria, porque ficaria ruim.

Esse tempo, esse processo, é uma determinação de rota. Minhas grandes conquistas exigiram postura, conhecimento, estratégia, relacionamentos e, claro, tempo. Ele é necessário para maturar tudo o que a gente está plantando hoje.

Muitas pessoas esquecem que esse período que vivemos chega ao fim, e querem recuperar as horas perdidas. Não adianta, você vai morrer. Eu também. Ilude-se achando que precisa (e consegue) fazer tudo a qualquer momento. Por quê? Quando chega aos 47 anos ainda quer dar cambalhota? Vai bater a costela no chão. E vai doer.

Àquele cara velho que acha que é um garotão e sai pegando um monte de menininha, tenho vontade de alertar:

"Querido, você não está entendendo. Se pensa que basta ter dinheiro para bancar a vida delas, está fazendo mais errado ainda".

Em vez de querer fazer tudo ou de tentar fazer depois que desperdiçou um tempão, é muito melhor usar inteligentemente os seus recursos quando eles ainda não estão escassos. Reavalie suas escolhas enquanto é cedo. E invista no seu TEMPO – ele, sim, é uma conquista eterna.

E aí, o que você fez com o seu tempo e a sua energia?

PARTE 4

COM RESPONSABILIDADE, MAIS OPORTUNIDADE

Precisamos entender muito mais a responsabilidade do que a oportunidade. É o caminho mais difícil, mas você tem que fazer as coisas darem certo, do JEITO CERTO. Isso significa saber quem você é e o que quer (e o que não quer) fazer, determinando causas para sua vida. De cada propósito você faz a sua história.

É por isso que eu digo: com responsabilidade, mais oportunidade.

Li certa vez que perguntaram a um grupo de pessoas, em seu leito de morte, se elas se arrependiam de alguma coisa. Noventa e três por cento delas responderam que se arrependiam de não ter feito coisas que gostariam. Achavam que deveriam ter feito menos o que os outros queriam e muito mais o que elas próprias queriam. Ou seja, deveriam determinar melhor as causas para sua vida.

É óbvio que esse livre-arbítrio precisa ser usufruído de uma maneira inteligente, e não irresponsável. Quem sai fazendo uma bobagem atrás da outra não está sabendo aproveitar a sua liberdade. Oriento as pessoas que eu contrato (e também as que me contratam): sendo responsável, faça tudo, tudo o que você quiser. E sofra por aquilo que escolhe. E não há nada mais prazeroso do que dizer "fiz o que eu queria".

> **Saber o que você quer fazer da sua vida é um prêmio!**

Responsabilidade é essencial para ganhar respeito e credibilidade profissional. Se eu sempre exigir isso de mim, sempre vou exigir dos outros.

Não vai ter show, então!

Certa vez, passei um sufoco para receber o cachê de um show do Reginaldo Rossi. Viajando em turnê pelo Brasil como produtor do cantor, quase fui morto numa cidade no interior do Pará, Parauapebas. O contratante não queria pagar, e eu, que ainda era um rapaz de 24 anos, mandei o recado: "Não vai ter show, então".

Ouvi do experiente Rossi, que era considerado nas regiões Norte e Nordeste um rei maior que o Roberto Carlos:

"Cuidado, pois esses homens têm as próprias leis".

Mesmo assim eu peitei o cara, que acabou me chamando para buscar o dinheiro com ele naquela noite mesmo. Entrei num carro de estilo rural e fomos seguidos por outro com caçamba levando quatro sujeitos armados. Parecia cena de filme de ação.

Eu não tinha a dimensão do risco que corria até nos afastarmos da cidade e adentrarmos numa fazenda com uma árvore no fundo e uma luzinha. Primeiro pensamento: "Deus, morri, tô chegando aí". Segundo pensamento: "Não, não vão me matar porque querem que o show aconteça".

Além disso, sabiam quanto o Rossi era famoso. Sumir com o produtor chamaria a mídia. Fiquei imaginando uma porção de coisas em fração de segundos. Por fora, mantinha a postura firme. Por dentro, meu Deus do céu...

Os dois carros parados numa estradinha de terra. Uma pessoa saiu e voltou com o dinheiro, provavelmente emprestado do fazendeiro.

– Beleza, então vamos embora.

– Não. Conta o dinheiro – exigiu o contratante.

Contei R$ 11 mil em cédulas de R$ 20, tentando ser ágil.

O show aconteceu logo em seguida, e eu fiquei aliviado. Claro, eu representava um escritório de São Paulo que negociou a apresentação e tinha de fazer o meu trabalho. Só ia sair dali com o cachê na minha mão. Depois, Rossi comentou comigo estar impressionado com meu senso de responsabilidade. E emendou:

– Você tem idade para ser meu filho. Aliás, meu filho quase pode ser seu pai. Não faça isso nunca mais na sua vida, por dinheiro nenhum.

– Rossi, eu tinha que trazer o dinheiro para pagar as pessoas.

– Você precisa entender onde está para saber o que exigir. Você poderia ter me contado o que estava acontecendo. Eu diria para fazermos o show e resolvermos isso depois. Já pensou se fosse assassinado? Não precisava passar por isso.

Você ganha porque tem time

Fazemos muito pouco sozinhos. Precisamos de equipe, e somos responsáveis por aqueles que colaboram com nossos projetos e sonhos. Venho conseguindo ser cada vez melhor nos trabalhos que faço porque fui me movimentando, aprendendo e evoluindo.

Tenho folha de pagamento para honrar todo final de mês, na produtora de áudio, e corro atrás. Nem por isso quero que meus funcionários me olhem como patrão.

Quando um engenheiro de áudio recém-contratado me disse para eu falar sobre o estúdio em uma palestra interna a clientes e convidados, não concordei. Eu disse:

"Você vai lá e arrebenta. Conte como chegou até aqui, quem é você e compartilhe o que sabe. Aqui é o seu mundo".

Meu exército precisa de reconhecimento e respeito da minha parte. Eu não tenho que estar no destaque. No caso do engenheiro de áudio, esse trabalho é a vida dele, que tem domínio técnico, não a minha. Somente um líder com muita certeza de quem é abre passagem para a sua equipe brilhar. Delega as devidas responsabilidades e confia.

> **Seu maior capital é humano. Crie time, e não empresa.**

Com funcionários, tem dias que eu só escuto. Em outros, só falo ou só dou bom-dia. Mandar uma palavra de positividade na segunda-feira às vezes é mágico. O bom líder não atrapalha. Sabe que, se eles estão ali, são capazes de fazer o certo, do jeito certo, sem uma vigilância opressora ou cobrança.

O que eu tenho de ser é a pessoa que os empurra para a frente, a fim de que consigam vencer e estejam prontos para responder às demandas, assumindo os riscos. Se der errado, fui eu que os coloquei no time, a responsabilidade é minha. Espero deles a postura profissional que eu tive em todos os desafios que abracei.

> "Bons times se tornam ótimos quando os membros confiam uns nos outros o suficiente para entregarem o Eu pelo Nós."
> Phil Jackson, técnico da NBA

Essa lógica é fundamental tanto com funcionários quanto com sócios e parceiros de negócios. Quando eu agenciava o lutador, busquei parceria com a 9ine, do Ronaldo Fenômeno, a WPP Group e outras empresas de comunicação e marketing. Conquistei um ótimo relacionamento com publicitários do grupo ABC, como a Carol Boccia, da Africa, e o Guto Cappio, da Sunset; e por aí vai.

Faço nas minhas empresas atuais o mesmo investimento que eu fiz em pessoas para projetar a marca Anderson Silva no mercado brasileiro e internacional. Abro mão de receber 100% do dinheiro que os movimentos poderiam me render e fico apenas com 30%. Os outros 70% vão para as pessoas que fazem com que minha ideia, meu trabalho e minha história como empresário sejam cada vez mais bem-sucedidos.

> **Agindo assim, monto um exército de profissionais que valorizo e que também valorizam minhas criações e propostas. Como isso dá certo!**

Se pensasse como uma empresa comum, ia querer chamar atenção de um banco de investimentos, a fim de que colocasse um caminhão de dinheiro. Daí eu passaria a ter não mais que 10% dela. Não me interessa.

Quando você "tem" uma empresa de US$ 3 bilhões, a maior parte desse dinheiro e desse negócio não é sua, é de quem confia em você. E a responsabilidade pelas pessoas que trabalham ali, sim, pois elas continuam confiando em sua gestão.

Da forma como eu trabalho, vivo com uma fração do dinheiro que movimento, porém sem muita pressão dos acionistas. Ainda posso manter a liberdade das empresas. Meu sócio-investidor na produtora de áudio, Marco Aurélio, defende o seguinte: "Não vamos pegar dinheiro de banco. Seria ótimo *hoje*. Só que o que você tem passa a não ser mais seu".

Postura não depende de gravata

Buscar os melhores parceiros me levou àquela reunião com o Jay-Z, em 2013. Quando eu estava com os empresários dele e o próprio Jay-Z entrou na sala, eu tentava "vender" o Anderson, e eles tentavam me contratar. Foi uma cena inacreditável vê-los prestando atenção à minha fala, na qual dizia o que teríamos que fazer.

Por dentro eu estava "bombando"; por fora, mantendo a linha. Deixei claro que precisavam me mandar a proposta deles. Se fosse boa, fecharíamos negócio. Se não fosse... Não ia tomar uma decisão emocional só porque estava na frente de um cara muito famoso e casado com uma mulher ainda mais *celebrity*, a Beyoncé.

Agi como se estivesse falando com o João ou o José, enquanto por dentro eu me surpreendia com o meu próprio autocontrole. Pensava "o que você está falando?". Para chegar ali, investi na viagem e preparei uma apresentação incrível. Ainda bem que sou casado com uma artista plástica e designer maravilhosa.

Se eu contasse o número de telas em PowerPoint que a minha esposa já montou para mim, daria mais de 500. Tanto o conteúdo quanto o meu inglês precisavam estar 100%, e não 99%.

A lição que eu tiro é que, independentemente do risco que corra num trabalho ou do prazer e vanglória que sinta ao final de uma reunião de negócios, você tem que estar muito certo da sua capacidade e do que almeja. Isso vai determinar o final da história.

Falando dos desafios que já enfrentei, um jornalista muito bom escreveu uma reportagem completa a respeito do final do meu projeto com o Anderson Silva. Ele fez questão de me entrevistar, respeitando a minha história profissional e a do lutador também.

O resultado alcançou mais de seis milhões de visualizações e esteve na primeira página de vários sites. Até hoje, quem digitar "Anderson Silva" e "Hebert Mota" no Google vai encontrar o link no topo da lista.

A repercussão levou vários veículos a me procurarem, prometendo me dar ótima visibilidade. A mídia, por estar num momento ruim com o Anderson, via em mim o que eles precisavam para "bater" no atleta dias antes de sua luta com Nick Diaz. Eu disse NÃO. Responsabilidade é fundamental nessas horas.

Outra situação marcante foi o desfecho de uma sociedade que eu tinha quando, em 2011, montei a produtora de áudio. Uma grande pilantragem por parte de um dos sócios fez com que nós nos separássemos brigados. Confesso que, por pouco, não apertei o botão do menino da periferia para utilizar experiências "extracurriculares", por assim dizer, para resolver tudo.

Fiz diferente. Pensamos estrategicamente, Max de Castro e eu, decidindo seguir só nós dois. Recomeçamos do zero e assumimos a responsabilidade de cuidar de seis funcionários com o caixa zerado. Dois anos depois passamos a líderes de mercado, com prestígio e reconhecimento ainda maiores.

Quanto ao sócio anterior, eu nem lembro mais o nome. Sobrevivi por estar sempre me movimentando, me arriscando, inovando, tendo paciência e investindo em capital humano qualificado.

Tenha sua marca própria

Sua postura influencia demais, passando responsabilidade com o que está fazendo ali. Só que a nossa sociedade constrói uma ideia equivocada do que seja postura. Ela quer que você seja igual a fulano ou sicrano. Daí, formamos vários iguais de ideias diferentes, quando deveria haver vários diferentes com propósitos iguais.

Eu costumo dizer que homem negro de paletó é manobrista ou porteiro, enquanto branco é executivo. Eu me vi em situações de almoços e jantares dizendo o seguinte:
"Por que eu tenho que pôr uma gravata para convencer alguém a me respeitar? A minha postura, por si só, não resolve? Óbvio que eu não vou de bermuda. Mas, pela minha fotografia, você não acredita na minha capacidade intelectual?".

Isso ainda acontece quando as pessoas não estão observando além dos estereótipos. Se querem inovar, ouvir coisas diferentes, precisam, antes de tudo, rever seus preconceitos. Cada um é responsável pelos valores que reforça.

Responsável por mim mesmo

Há ainda a coisa de dar atenção. Eu procuro amigos de infância quando preciso de um conselho. Francisco, por exemplo, me ensinou muitas coisas. Foi com esse amigo que aprendi a ter vontade de assinar um cheque. Eu o vi pagando uma conta dessa forma e achei o máximo. Da mesma forma que converso com os amigos da periferia, eu converso com o presidente de uma agência de propaganda ou de uma multinacional. E também bato papo com um cara muito famoso a quem todo mundo pede autógrafo. Ou seja, com interesse no que o outro tem a dizer, mas sem deslumbramento, pois é assim que deve ser.

Como é que eu consigo na prática ser o mesmo, ter a mesma essência, lidando com tanta diversidade no dia a dia? É porque eu aprendi desde sempre o valor de entender o Hebert que limpava o tijolinho que o pai pedia, quando chegava do colégio, e o Hebert com o privilégio de almoçar num restaurante cuja refeição custa meio salário mínimo.

Tanto uma pipoca de R$ 5 na periferia quanto um almoço de R$ 500, só têm valor se eu estiver com um amigo, com uma proposta, com uma finalidade (pode ser matar a fome ou a vontade). Principalmente essa "viagem" de gastar R$ 500 num almoço tem que embutir uma importância maior, que tem a ver com os movimentos.

Eu mantenho o eixo sem me deslumbrar com luxo e poder, porque meu pai sempre me ensinou a dar cada passo e falar com cada pessoa com a mesma responsabilidade. E não era a de ser pai e ter um filho como ele, me responsabilizando por essa nova vida. É responsabilidade comigo mesmo.

Fui um menino que decidiu "não ser traficante" quando alguns daqueles que moravam no meu bairro me convidaram para ficar na gerência da boca (local de tráfico). Porque eu era inteligente o suficiente. Os caras sabiam que eu tinha habilidade para organizar, pensar no processo, liderar no sentido de fazer conexões.

Eu cresci nesse ambiente. Depois que chegava da escola e ajudava meu pai a construir a nossa casa, a minha hora de brincar era à noite, na rua, em meio ao tráfico de drogas e amigos.

Quando eu voltava do trabalho como office boy, ficava na rua com esses amigos. Ali eu via mestres em negociação, sem que tenham pegado nos livros, aprendido matemática, tido educação acadêmica avançada para o mundo dos negócios. Se tivessem outras oportunidades, talvez se transformassem em CEOs.

Na boca de fumo, cuidavam do que não era deles, assumindo uma responsabilidade que valia a própria vida. Eu participei uma vez. Mas decidi não ficar, porque pensava no meu pai, um filho de escravo que saiu da Bahia, da senzala, para vencer e criar a família. Eu não poderia jogar fora o esforço deles para me criar e aceitar uma vida de riscos.

Aliás, se eu tivesse continuado, não estaria vivo. Ou, se estivesse vivo, estaria preso em alguma penitenciária. Perdi alguns amigos na adolescência por causa do crime. Ainda hoje tenho na mente as imagens daqueles que vi mortos, no chão. Lembro bem quando tentaram matar um amigo; saímos correndo das balas e nenhuma me acertou. Dos mais íntimos, três foram assassinados. Lidar com essas cenas não é fácil. Não se apaga da memória.

Eu quis trilhar o caminho da música, da igreja. O fato de ter uma família evangélica me deu opções de amizades diferentes. A propósito, as pessoas à margem da sociedade se agarram à fé, assim como à paixão pelo futebol, para alimentarem a esperança, sofrerem menos, aguentarem o descaso e a opressão, encontrarem uma razão para viver. Se não fossem as igrejas de periferia, teríamos um país bem mais complicado.

Na verdade, eu tive opção e oportunidade. Devo muito ao Gilvan Pereira pela oportunidade de ingressar no show business, que abracei com total responsabilidade. E quando esse pessoal da pesada viu que eu evoluí, começou a me olhar de uma forma diferente, com esperança de sair daquilo, e disse "eu quero ser como o Hebert". Principalmente porque muitas pessoas públicas falam meu nome. E eu sei que isso tem um projeto muito maior.

> **"Most young kings get their head cut off[3]."**
> Jean-Michel Basquiat, artista afro-americano

Eu via coisas boas acontecendo comigo enquanto vários amigos perdiam seu futuro, e pensava: "Caraca, não é à toa. Se eu resisti, eles deveriam ter tido essa chance!". Isso me dói até hoje.

> **É pesado, porque isso exige entender a responsabilidade muito mais que as possibilidades.**

Significa olhar todas as possibilidades ao redor e combinar consigo mesmo: "Você vai ter que fazer as coisas darem certo, do jeito certo". É difícil fazer dar certo do jeito certo, e ainda pode levar mais tempo e dinheiro! Por isso, muita gente acaba optando pelo jeito errado.

Na experiência que vou contar a seguir fica clara a minha decisão de encarar todo e qualquer obstáculo com seriedade e afinco, para fazer a coisa acontecer do jeito certo. Mesmo assim eu errei. Mas não teve choro. Meu lema é...

---

3 **A maioria dos reis jovens tem sua cabeça cortada** faz referência à pintura "Most Kings", de Jean-Michel Basquiat, que descreve a relação que há entre a tragédia e o sucesso. Nos últimos anos, Jay-Z lançou uma música inspirada na pintura e vida desse artista dos anos 1980, que foi de bandido das ruas do Brooklyn a multimilionário prestigiado pela elite da arte, morrendo de overdose aos 27 anos. Basquiat é adorado por famosos, como Leonardo DiCaprio, Johnny Depp e Tommy Hilfiger.

> **Engula e vá embora, procure uma solução. Sempre.**

Kirk Franklin no Brasil

Eu estava com 26 anos quando fui convidado por dois irmãos, que eu mal conhecia (fui indicado a eles por um amigo), para produzir os shows de Kirk Franklin no Brasil, maior expressão do gospel internacional, vencedor do Grammy e muito famoso nos Estados Unidos. Seus empresários, da William Morris Agency, queriam trazê-lo pela primeira vez e aceitaram a proposta.

"Eu indiquei você porque é um profissional de entretenimento que conhece todo mundo", ouvi do meu amigo.

Montamos três apresentações de enorme sucesso em janeiro de 2004, sendo uma no Rio de Janeiro e outras duas em São Paulo, que impactaram milhares de fãs. Só que a empreitada me trouxe problemas gigantescos antes e, principalmente, depois que Kirk e sua banda retornaram felizes para casa.

Preparação...

Por entender de show business, contatei a Time For Fun (T4F), gestora do Credicard Hall e de outras casas de espetáculos que não existem mais, como o Palace. Os sócios-diretores da T4F me conheciam desde o tempo em que eu era *roadie* e gostavam do meu trabalho.

O meu papel seria de produtor artístico; o dos irmãos empresários seria de financiar o pagamento do cachê do Kirk Franklin e a vinda do grupo; a T4F cuidaria da divulgação e do local para cada show, ficando com 40% da bilheteria. O restante pagaria meus custos de estrutura artística e meu "sangue". Só que, perto da data de pagamento do cachê do artista (pouco mais de um mês para a viagem), não existia o dinheiro. Algo em torno de US$ 170 mil pelos três shows.

Não dava para aguardar vender os ingressos. Por outro lado, eu sabia como funcionava a cabeça dos empresários do Kirk, porque era igual à minha na hora de defender os interesses do meu artista. Para que não cancelassem tudo, pedi a um dos irmãos, que dominava bem o inglês, para me ajudar a explicar a situação, reiterando que queríamos que tudo desse certo. A verdade e clareza com que eu me coloquei fizeram com que eles nos retornassem com um ok.

Eu via várias pessoas emocionadas porque Kirk Franklin viria ao Brasil. Para o segmento gospel, era como se fosse o show do U2. Por saber que eu tinha nas mãos um projeto incrível, não poderia errar. Corri atrás de ajuda para resolver o problema financeiro. Foi quando busquei um terceiro potencial sócio além dos irmãos, o meu amigo e padrinho João Adel, que é um superadvogado da área tributária.

Eu falei:

"Vocês são peixes grandes e podem se ajudar. Precisamos levantar um dinheiro, e dessa conversa pode sair um modelo de parceria, de sociedade. Enquanto isso, eu vou divulgar e articular nas ruas, para que tenhamos público suficiente".

Montei uma equipe, preparei flyers para distribuir. Viramos noites rodando a cidade numa van que aluguei e adesivei. Passamos pela porta de incontáveis igrejas na capital e em cidades próximas, como Campinas, Jundiaí e Mogi das Cruzes. Fizemos propaganda boca a boca, porta a porta, visitamos rádios.

Deu muito certo. Caravanas chegavam para os shows. Os três sócios estavam satisfeitos. Cachê pago, passagens compradas. Até que surgiu a ideia de gravarmos um DVD de um show ao vivo no Brasil. Vamos oferecer à gravadora do Kirk esse *plus*, um segundo produto.

Essa estratégia, que deveria ser uma solução, só me trouxe problemas, o que só descobri depois: tudo porque não estava claro entre os envolvidos. Explico. Conversamos com a gravadora e também com o empresário do artista, que adoraram a ideia. Mas eu não falava inglês. E achava que estava caminhando tudo muito bem, porque um dos investidores dominava esse idioma. Ele disse:

"Eles nos liberam para fazer a gravação. Mas é importante ter qualidade, para que depois o conteúdo seja aprovado, e só então eles liberam".

Portanto, qualidade seria a nossa salvação para que esse projeto tivesse sucesso.

Ingenuamente, segui com a preparação dos shows e do DVD, acreditando que a parte jurídica e contratual estava resolvida. Eu conhecia empresas de vídeo, de som, de luz. Criei todas as condições para que o resultado do espetáculo e da gravação ficasse incrível. Todo mundo amou, até hoje é comentado.

Depois dos aplausos...

Fechadas as cortinas, o artista foi embora sem assinar a autorização para o DVD. Nem ele, nem seus empresários. Meu padrinho havia alertado que era preciso ter esse documento. Como aquele irmão investidor que falava inglês não avisou e não negociou bem essa parte, ficamos vulneráveis.

Enquanto isso, chegavam os fornecedores contratados para receber. Equipes de filmagem, cenografia, iluminação, captação de áudio e edição... Paguei com os 60% da bilheteria, descontando os impostos. Era algo em torno de R$ 600 mil.

Conclusão: não sobrou quase nada. Nem para o João, que entrou depois como investidor. Mas eu pensei: "Pago todo mundo e fazemos o DVD dar certo". Assim que a gravadora liberar o produto, vamos reaver o nosso dinheiro e muito mais, porque eles estarão superfelizes com o resultado. Mandamos a primeira cópia. Os executivos adoraram.

Aí vêm os acidentes de percurso que você nunca espera: a gravadora americana foi comprada por outra maior, a Sony BMG, e ouvimos da pessoa com quem estávamos negociando:

"Agora, resolvam com eles".

Mas o novo dono reagiu no estilo "não sabemos de nada" e "vocês vão ter de nos convencer de que, só porque compramos a gravadora do Kirk, temos também de comprar esse produto". Não interessava a eles, que prefeririam gravar um DVD novo do artista.

O ano de 2004 já estava chegando ao fim, e o João me perguntou:

"Garoto, cadê o meu dinheiro? Você não tem culpa de nada, mas a responsabilidade é toda sua. Porque foi você que me procurou".

Isso significava ficar em débito com o investidor que eu busquei (no caso, o meu padrinho), para solucionar um problema que não era de minha responsabilidade (a falta de dinheiro dos primeiros investidores, os dois irmãos, para realizar o projeto). Só que eu tinha o dever moral de resolver. Minha vida virou um caos. Eu não conseguia dormir. Fora o sentimento de derrota ("como eu pude deixar isso acontecer?").

Fiquei sem nada e ainda devedor desse meu padrinho, que só quis me ajudar. Já aqueles a quem eu ajudei sumiram, não se mostrando nem aí para o que (não) fizeram. Foi uma das poucas vezes que senti um instinto assassino. Nessa hora, um dos meus amigos de infância me disse:

"Cara, eu sou do mal, você é do bem. Só que esse problema é seu, não meu. Se fosse meu, eu saberia como resolver".

O que quis me dizer com "eu sou do mal, você é do bem" foi que ele é um homem de negócios cético, que fala "não" pra tudo, e eu sou um cara muito bem-intencionado, que tenta achar uma solução pra tudo. Foi um contraponto interessante! Desde então venho fazendo o exercício de dizer muito mais "não" do que "sim" quando faço negócios, aprendendo a lidar com o bem e com o mal na vida. Meu padrinho marcou um encontro comigo e com os dois irmãos investidores que participaram desde o início, quando propôs dividirmos a dívida feita para a produção do DVD assinando três notas promissórias. Eu disse que não tinha como saldar a minha parte, me sentindo como se conversasse com Don Corleone, personagem do filme *O Poderoso Chefão*.

"Você sempre trabalhou. Vá trabalhar e busque solução para isso", ouvi do João.

Voltei para casa, quebrei a cabeça e resolvi que iria devolver trabalhando com o próprio negócio.

A oferta de US$ 2 milhões

Em janeiro de 2005, redigi um e-mail em inglês, com a ajuda da minha esposa, para a dona da gravadora que havia sido vendida, expondo claramente que a minha vida acabaria se não concretizássemos a venda do DVD para a nova gravadora. Nele eu também registrava tudo que fiz para viabilizar a vinda do artista ao Brasil. E pedi que ela mostrasse esse e-mail ao Kirk Franklin.

Hoje, Venice Whatson é minha amiga. Ela conversou com a gravadora para me dar a oportunidade de vender o produto. Depois de uma troca de mensagens, fui chamado para uma reunião presencial em fevereiro com executivos do financeiro e da parte artística.

Foi quando precisei encarar o risco de ir para os Estados Unidos e encontrar um jeito de fazer essa reunião. Até dormi numa estação de trem de Nova York (Penn Station), numa noite de inverno, por não ter recurso suficiente para bancar o hotel. Enfim, fiz o que deveria ser feito por ter apenas uma certeza: sou um homem responsável, tenho que lutar custe o que custar.

Uma ex-namorada minha pediu a um conhecido que morava lá para ir à reunião comigo e me auxiliar como tradutor de inglês. Hoje eu o considero meu irmão. Na ocasião, não havíamos tido nenhum contato anterior, e o Zaca foi porque a Sara disse que eu era do bem e precisava de ajuda.

Levei uma pasta de documentos como apoio para responder a uma bateria de indagações. Expliquei, provei, mostrei números, notas fiscais – não fui lá para contar história de menino triste. Fui para fazer negócios.

Ao final, os executivos me fizeram a oferta de comprar o material bruto, que editariam e lançariam no mundo inteiro com o nome *"Kirk Franklin live in Brazil"*.

> **Pagariam US$ 2 milhões. Era muito dinheiro, mas não deixei escapar nenhuma emoção. Friamente, concordei com um ok.**

O CFO (Chief Financial Officer) Roger Scalton, que era o homem do dinheiro e aparentava ter uns 55 anos, me propôs dar um adiantamento líquido de US$ 600 mil, saldando o resto com as vendas. Depois, continuariam a me repassar uma porcentagem como *royalty* (que, a propósito, eu poderia estar ganhando até hoje).

Ele me perguntou o que eu pretendia fazer com esse dinheiro. Ao traduzir, o Zaca me alertou que "essa era a grande pergunta da reunião". Respondi que o foco principal era devolver ao investidor o dinheiro colocado no artista. Disse que esse artista aceitou fazer a gravação, mas retornou aos Estados Unidos sem ter autorizado legalmente, gerando um problema que eu finalmente estava conseguindo resolver naquela reunião.

De fato, eu voltaria e pagaria aos outros. E não para curtir luxos ou comprar a minha casa. Primeiro a responsabilidade, que era a linha que eu estava seguindo desde o início dessa história. A situação envolvia muitas pessoas, muito dinheiro, muitos egos. Ali eu não podia ter um pingo de emoção.

Daí me perguntaram até quando eu ficaria no país deles. Respondi que ficaria pelo tempo necessário. Enquanto isso eu aprenderia inglês, para saber me comunicar bem. Se eu soubesse, esse problema não teria existido.

Então o diretor artístico da Sony BMG, Max Seigel, me disse:

"Garoto, se você continuar assim, quando chegar à minha idade, vai ser muito maior do que eu. E terá feito muito mais do que eu já fiz".

Repare que ouvi isso de um executivo do entretenimento, o grande responsável pela maior gravadora do mundo. Na época, eles tinham acabado de lançar Usher, Britney Spears e Justin Timberlake.

Pagamento em esforço

Deu tudo errado. Saí da reunião com o compromisso de devolver documentos assinados dos 60 profissionais que aparecem no DVD, liberando os direitos autorais. E uns 20 se negaram a fazer isso para tentar obter novas vantagens.

Além disso, eu precisava enviar para o departamento artístico da gravadora um vídeo mais completo, um piloto. Só que isso estava nas mãos da empresa que fez a gravação, porque eu ainda devia uns R$10 mil.

Passei dois meses tentando contornar tais obstáculos. Só consegui o vídeo porque outro amigo, o banqueiro Marco Aurélio Barreto, que mais tarde se tornou meu padrinho de casamento e sócio-investidor na produtora de áudio, adiantou os R$ 10 mil para me ajudar. Quanto às liberações de direitos autorais, uma parte dos 60 profissionais que participaram do DVD não assinou, e por isso a gravadora não iria se arriscar a ir em frente e tomar um processo depois.

Tentei negociar editar o vídeo para tirar a imagem das pessoas que se negavam a assinar. Mas quatro meses haviam se passado, e a negociação esfriou. Eu perdi a oferta de US$ 2 milhões e o tempo de relançamento. Para assumir o trabalho de fazer o DVD com essa edição enxuta, mostrando apenas os profissionais com documentação regularizada, precisava de mais dinheiro para captar imagens extras com Kirk Franklin. Era um orçamento de uns US$ 150 mil.

A essa altura do campeonato eu já tinha o telefone da casa do artista. Mas não consegui fazer dar certo. Em maio de 2005, voltei ao meu padrinho para falar das notas promissórias. Por ver tudo o que eu fiz, ele considerou que eu havia saldado a minha parte com o meu esforço, e que os fracassos tinham sido causados por pessoas que ele também conhecia e que se negaram a viabilizar.

Na ponta da língua

Todas as lições que tirei disso, as falhas que percebi em mim e fui corrigir me levaram a um patamar ainda mais profissional e responsável. E uma das maiores falhas era não dominar a língua.

No meio do sufoco e longe de casa, me sentindo desamparado, minha tia Tânia, que estava casada com um americano e morava próximo de Miami, me amparou:

"Vem pra cá, não fique aí".

Não era esse o propósito da minha viagem. Havia saído do Brasil confiante de que fecharia um excelente contrato. Mas ela me cedeu um espaço e um colchão de ar, que usei agradecido por dois meses. Seu apoio foi fantástico naquele momento.

Tia Tânia sabia que eu não podia trabalhar nos Estados Unidos – eu precisava aprender inglês o mais rápido possível. E isso não aconteceria se fosse trabalhar com brasileiros. Eu disse que queria investir nessa habilidade, e fiquei sem dinheiro, sem nada, vivendo de favor.

Eu colaborava com a limpeza da casa dela e passava o dia numa escola de inglês. Detalhe: treinei, aprendi sem fazer nenhuma das aulas. Como eu não podia bancar um curso, tive a ideia de pedir ao dono que me permitisse ficar na sala de computadores, estudando sozinho com os softwares de apoio aos alunos.

Todo santo dia ia me aprimorando *step by step* até conseguir melhorar minha condição e minha habilidade. Força de vontade. Eu andava quatro quilômetros da casa da tia Tânia até a escola. Depois voltava.

Consegui um bico de arrumador de bebidas no posto de gasolina de um amigo dela. Trabalhava à noite (das 21 às 7 da manhã) na loja do posto, para não ter problemas legais. De manhã eu dormia um pouco e... *let's go*.

Essa iniciativa me ajudou muito a desenvolver o inglês que eu tenho hoje. Eu estava gostando, poderia ter continuado naquele endereço mais um pouco. Só que o marido da tia Tânia foi ficando incomodado com a minha presença e me colocou pra fora de casa. Por quê? Em primeiro lugar, eu era sobrinho da esposa e não sobrinho de sangue dele. Segundo, tinha a ver com a cultura americana.

Na cabeça dele, eu já era adulto e tinha de agir como os outros jovens do seu país, que saem de casa e se viram sozinhos com 16, 18 anos. Não é como no Brasil, que os familiares moram juntos até casarem ou mesmo envelhecerem. E realmente a minha estadia, que seria por uma semana, havia se transformado em oito semanas... Daí, o dono da casa decidiu falar com a esposa que havia gostado do sobrinho dela, mas que não o queria mais ali. Deu o famoso ultimato "se vira".

Conto sobre a atitude dele para incentivar a todos que, para tudo, há solução. E você a encontra muito mais rapidamente quando não para de se movimentar e se relacionar. Eu havia feito novas amizades nesse período. Então, não discuti e nem achei que o marido americano de minha tia estava errado. Era um direito dele. Preferi reconhecer que, durante dois meses, esse casal me ajudou muito. Sou eternamente grato. Agradeci pelo tempo e a oportunidade e me retirei.

Meus novos amigos Carlos Rizon e Marcelo me convenceram a ficar mais um pouco e me receberam na casa deles. Marcelo era mecânico e viajava com sua van por diversas cidades consertando carros. Era uma espécie de oficina ambulante, e eu atuava como ajudante. Não ganhava nada, mas ia junto como uma forma de agradecer pelo teto oferecido.

Em maio de 2005, voltei para o Brasil. No mês seguinte, passei a assessorar o Netinho.

Para fechar essa história com "chave de ouro"

Em outubro ou novembro de 2005, quando eu já trabalhava como assessor do Netinho, na TV da Gente (inaugurada nessa mesma época), recebi uma ligação do advogado da gravadora Sony BMG, que perguntou:

– Você precisa me responder por que é que está lançando o DVD que nós NÃO liberamos no Brasil.

Eu só pude responder uma coisa para o advogado:

– Eu não estou lançando nada, mas vou descobrir quem foi e como foi.

Adivinhe. Alguns profissionais envolvidos no show e na gravação lançaram um DVD pirata. Fui com a filha do João a uma igreja e encontrei o produto à venda numa barraquinha de camelô.

– Onde você conseguiu isso? – perguntei ao ambulante.

Indiquei o local a policiais conhecidos, e eles autuaram o vendedor, que entrou em desespero ao saber que seria levado para prestar esclarecimentos numa delegacia.

Meu interesse não era prejudicar ninguém, mas sim ter provas para mostrar ao *staff* do Kirk Franklin que eu não tinha nenhum envolvimento com aquela venda ilegal.

Embora já trabalhasse com shows e participasse de negociações, eu não deveria ter assumido um projeto envolvendo compromissos e responsabilidades financeiras pesadas numa língua que eu não dominava. A única pessoa que me conhecia bem era o João, que entendeu a minha situação e tentou me ajudar o tempo todo. Os outros me prejudicaram.

Essa experiência me ensinou como é importante conhecer as pessoas com quem você está pensando em aceitar casamento, sociedade, contrato de compra e venda, amizade, viagem em grupo, por mais empolgado que esteja com essa oportunidade.

E a ideia de que está fazendo uma coisa ótima para si e para os envolvidos pode virar um pesadelo ainda maior se você não SE conhecer, se não souber QUEM É. Jogar-se em projetos sem entender o que está fazendo, quem está do seu lado e quem está do outro pode prejudicar o seu nome, a sua credibilidade.

Além disso, foi decepcionante constatar que dei oportunidade a muitas pessoas de realizarem seus sonhos, e, quando contei com a cumplicidade delas, fiquei no sereno.

> **Não ache que você vai se dar bem por estar sendo bom para alguém.**

Eu não posso estar mal e tentar ficar bem porque estou fazendo bem a você. Eu preciso estar bem. Não posso fazer bem para você se eu ainda não fiz para mim. É uma linha tênue. Máscaras de oxigênio vão cair. Primeiro você. Depois, quem está do seu lado.

O que significa? Não adianta ter sócio só para que você se sinta bem-sucedido. Não adianta ser pobre e pegar o dinheiro do rico (que pode ser um amigo ou um banco) para parecer rico. Você até está rico, e esse dinheiro não é seu, então você não é rico.

Na situação do Kirk Franklin, eu deveria ter desconfiado dos acordos falados e me garantido com assinaturas. Naquela época, ainda achava que os outros iam agir como eu agia. Cara, eu não os conhecia.

Isso não significa que passei a duvidar de tudo e de todos. Mas a única maneira de acreditar é conhecendo. Num projeto tão grande como esse, envolvendo mais de cem pessoas, eu vejo hoje quanto fui ingênuo por confiar que 100% manteriam a palavra. Uma parte entendeu, só que a outra não. Morremos todos na praia. Mas uma coisa eu posso dizer: durmo tranquilo com tudo isso.

> **Eu dei meu sangue, meu nome e meu tempo a esse projeto.**

Em outubro de 2006, por manter a minha palavra desde o início de que me esforçaria para solucionar tudo, consegui com a gravadora

Sony BMG um contrato cedendo os direitos autorais para lançar "*Kirk Franklin Live in Brazil*" para toda a América Latina. Levei esse contrato para meu padrinho João Adel e disse:

"Embora o tempo tenha passado, Kirk Franklin ainda é um grande artista. Ele vem quase todos os anos ao Brasil fazer shows, graças ao nosso primeiro *tour* em 2004. Então, aqui está a minha parte. Lutei, investi em várias reuniões e viagens aos Estados Unidos. A gravadora está liberando o produto para você lançar, caso queira".

Missão cumprida. Quanto ao produto, João decidiu não lançar.

Em 2007, acompanhei o Netinho de Paula àquela reunião importantíssima em Los Angeles, na William Morris. Eu já falava inglês e foi ali que conheci o Anderson Silva por acidente, ou melhor, por estar em movimento.

PARTE 5

A ESSÊNCIA DE UM NEGÓCIO

O que eu TENHO não me torna um homem bem-sucedido. É o que eu FAÇO. A essência de um negócio está nisso. É importante determinar, caminhar e decidir como começar e, mais ainda, como continuar. E nesse continuar várias vezes dá errado. Mesmo assim, o errado vira certo se eu aprendo algo.

Foi a partir do aprendizado do dia a dia, e não o da escola, da sala de aula, que eu aprendi a gerar negócios. Em outras palavras, foi com a rua, com a prática, com o que eu fazia para superar várias carências desde pequeno. Colocando pedras para dentro de casa. Limpando tijolinhos baianos para levantar a parede do meu quarto. Entendendo um pouco de engenharia com meu pai. Era o que eu tinha para o meu *make it true*.

Até na hora da diversão, com uma pipa, bolinhas de gude, garrafas para trocar por pintinhos com o carroceiro, eu construía ali uma relação de gerenciamento. Queria paquerar uma garota sem condições de levá-la para passear – o que fazer? Como conquistar alguém quando não havia roupas para ficar bonito e desejável?

Treinei desde muito cedo a aceitar minhas origens, em vez de brigar com elas, mas mudando minha realidade sempre. Não me preocupei em ter, e sim em EXECUTAR algo produtivo, com retorno concreto, para SER.

> **Negócios são coisas, objetos, produtos (tangíveis e intangíveis) que podem ser vendidos a alguém que queira comprar.**

Vejo brasileiros que conversam muito, deslumbram-se facilmente e querem agir como se fossem do Primeiro Mundo, bancando ricos e tentando vender "espuma". Não há negócio sem transformar seus limões em limonada. O que você está esperando?

Eu não esqueci quem eu era, por exemplo, só porque viajava com o Netinho para cima e para baixo, até 2008, de *business class*. Depois, quando decidi deixar de ser empregado para ser empreendedor, comecei a explorar a classe executiva das aeronaves não para satisfazer meu ego, e sim como uma das estratégias para crescer. Assim como passei a frequentar mais locais propícios para gerar negócios.

Com isso, marquei uma mudança de postura, uma evolução do tempo em que eu trabalhava para as bandas, voando de classe econômica e dormindo em hotéis de menos estrelas. Às vezes nem quarto tinha, pois eu ficava nos palcos o tempo inteiro trabalhando. Basicamente cochilava entre uma apresentação e outra, no ônibus da equipe ou na boleia de caminhão (em várias ocasiões).

A partir do momento que virei a chavinha do homem de negócios, ganhou importância estar bem hospedado, viajar numa classe *business* (para destinos internacionais, principalmente) e frequentar os restaurantes prestigiados pelos executivos, empresários e artistas. Por quê?

Nesses ambientes, elevei incrivelmente a condição de me relacionar e expandir meu guarda-chuva com profissionais do topo das decisões. Pode ser o diretor ou presidente de uma agência de publicidade, o executivo da companhia potencial patrocinadora de um atleta, um grande artista ou celebridade de outra área com quem quero trabalhar, alguém a quem eu deva me apresentar.

Faço vários parceiros de negócios, clientes e amigos com essa convivência. No mínimo, recebo informações relevantes de profissionais variados. Além de ser visto, o que facilita ser lembrado no futuro.

Durante um voo de dez horas, os executivos têm mais tempo de ouvir e menos interrupções. Além disso, uma conversa de cinco minutos pode dar muito mais possibilidades de vender um produto ou ideia (e também de ouvir sobre novas possibilidades) do que uma hora de reunião formal numa sala de escritório com café e água.

Por outro lado, é preciso ter sensibilidade para perceber o momento ideal de abordar e como conversar. Em São Paulo, costumo almoçar no restaurante Rodeio, por exemplo, que é também reduto dos publicitários. Ou no Dalva e Dito, onde há muitos empresários. Vários têm mesa cativa.

Nem por isso eu vou invadir o espaço de alguém. O mesmo acontece na fila de embarque, ainda no aeroporto, e na sala VIP.

Fazia algum tempo que o ator Wagner Moura e eu tentávamos almoçar ou jantar, mas as agendas não permitiam. Até que nos encontramos num voo para Los Angeles. Vi que ele estava ocupado escrevendo algo em seu laptop. Então, apenas nos cumprimentamos. No meio do voo, trocamos ideias sobre nossos projetos.

Numa viagem de Londres para São Paulo, fiz uma reunião com Ronaldo Fenômeno. Ele voltava para o Brasil com a família e surgiu naturalmente a oportunidade de falarmos sobre "ene" coisas. Se eu estivesse na classe econômica, isso não seria possível.

Certa vez, viajando de São Paulo para Los Angeles pela Korean Airlines, pude falar sobre negócios com um banqueiro da Coreia do Sul. Entender a lógica dos executivos asiáticos é um aprendizado, que em algum momento vai fazer sentido na minha vida.

Voar de *business class* também me dá condição de ser bem atendido, de dormir bem. Pouso e em seguida vou trabalhar. Assim como escolher um hotel confortável e bem localizado me faz ganhar produtividade. Então, coloco na balança os fatores descanso, tempo e movimentos que poderei criar com os encontros "por acidente", e concluo que vale a pena.

Num hotel, valorizo a qualidade do quarto (mais descansado, vou trabalhar melhor), do restaurante e, em alguns casos, do *lounge*, local importante para encontrar as pessoas. Em Los Angeles, ficar no Mondrian ou no SLS aumentam minhas chances de encontrar Will Smith, em vez de me hospedar em algum duas estrelas.

Vale ressaltar que viajar de econômica, ficar em hotéis ruins, dormir em aeroporto ou em carro na estrada, almoçar e jantar fast-food fizeram parte da minha caminhada também. Por muitos anos. E ainda assim busquei prazer e resultado nessas condições. Faz parte do processo.

O ônus dessa estratégia *business class* é o custo. Cada noite de hotel em Los Angeles custa uns US$ 300. Por isso, preciso ser hábil e responsável para otimizar meu tempo dentro e fora dele, criando o máximo de chances de fazer render algo disso – seja lá o que for. Não é despesa com luxo, é investimento.

Agora, se nenhum *business* acontecer com isso, no mínimo eu procuro conversar com um empresário e ter dicas de negócios, ou com um investidor e ter dicas de investimento, entre milhares de coisas que acabam acontecendo e que me auxiliam a compreender o que está no meu radar.

Por algum motivo, se nada do que imaginei fazer der certo, ao menos aproveitei a vida, espantei o estresse e a rotina e, acima de tudo, que o meu movimento foi feito da melhor forma possível para gerar resultados.

E o que mais FAZER para buscar negócios? Selecionei algumas boas práticas que compartilho aqui.

Amplie seus conhecimentos sempre

Valorize as conversas, as biografias, as experiências que podem trazer conhecimentos importantes para a criação de oportunidades de negócios. Isso implica abrir-se ao novo. Mas também, **em tempos de excesso de informação, pós-verdade e fake news**, selecionar o que leva ao ouvido, o que lê, o que assiste.

Viajar também dá enorme bagagem e torna o seu *business* global. Isso me faz lembrar uma conversa que tive com um menino da periferia, em que eu perguntava o que ele queria ser quando crescesse.

– Fazendeiro e jogador de futebol.

Se ele nunca tivesse saído do seu bairro, certamente teria dito somente a segunda opção. A maioria dos garotos pobres vê no esporte a única saída para uma vida melhor. Mas esse menino havia viajado para a casa de parentes numa zona rural. E isso ampliou as suas possibilidades. Eu o aconselhei:

– Se eu fosse você, pensaria primeiro em ser fazendeiro, porque daí poderia comprar seu próprio time de futebol. Já pensou?

Ao viajar com as bandas para as turnês nacionais e internacionais, alcancei outras cidades, paisagens, pessoas, situações. Tudo isso me deu condições de enxergar o mundo sem ser pela TV, além dos bairros, em tempo real, ao vivo e em cores.

Comunique-se bem, escolha uma língua universal

Na minha trajetória, era condição básica falar inglês para, depois, abraçar o mundo. Aquela proposta de US$ 2 milhões, por exemplo, não evoluiu porque eu não sabia me comunicar na língua universal.

Frustrado, me perguntava: "Como eu, entendendo tanto de show business, não conseguia conversar com os empresários do Kirk Franklin?". Se eu falasse a mesma a língua deles, conduziria o projeto desde o início, sabendo o que estávamos fazendo.

O curioso é que essa história rendeu novos frutos em setembro de 2017, quando eu já falava inglês. Tomando um café com uma profissional da marca Dior, ela perguntou sobre a minha história, especialmente os meus negócios nos Estados Unidos. Quando falei do episódio do cantor gospel com profissionais da Sony-BMG, como o vice-presidente sênior Max Siegel, soube que ela iria encontrá-lo naquele mesmo dia, num evento VIP.

Essa profissional conseguiu me incluir na lista da entrada, a fim de que eu pudesse cumprimentar o executivo, que desde 2012 é CEO da USATF (USA Track and Field), confederação que investe em grandes atletas olímpicos e paraolímpicos.

Eu tive a oportunidade de agradecer – em inglês fluente – as orientações que ele me deu no passado. E dizer quanto foi importante receber seu incentivo para que eu continuasse com a minha postura e determinação para empreender.

Seja realmente bom naquilo que faz

Se eu fiz uma porção de trabalhos que me projetaram como homem de negócios, faço três vezes mais. E se um cara importante (artista, empresário, atleta) me procurou, é porque quer atingir um patamar diferente, e nós vamos atingir. Estou feliz com a estrada que venho construindo.

Aquela experiência com o show e o DVD do Kirk Franklin me mostrou que é errado juntar-se a quem tem uma habilidade ou competência que você não tem. Eu tenho que ser 100% bom nisso. Posso me juntar a alguém que é 100% em outra habilidade. Daí mais facilmente alcançaremos um resultado.

Não posso jamais buscar um sócio que faz a mesma coisa que eu faço. O inteligente é me cercar de pessoas que me completam, e assim formaremos um time forte. Vou me apoiar em alguém para completar uma laranja? Não dá. Duas metades não vão longe. Já duas ou mais laranjas INTEIRAS, sim. É como na minha sociedade com o Max de Castro, que é um artista incrível e renomadíssimo.

Não se pendure no mais influente

Já aconteceu de duas personalidades influentes conversarem sobre lançar um artista e ambos dizerem um ao outro: "Você precisa conhecer o Hebert". Ou seja, os dois me conheciam e na mesma hora pensaram em mim. Isso é por causa dos meus movimentos.

Se eu ficasse grudado só em uma dessas personalidades, que é um cara milionário, famoso, não teria me movimentado com o outro. Só que esse primeiro já me conhece o suficiente e a credibilidade está posta. Eu tenho que me movimentar para ganhar o conhecimento e a credibilidade de outros.

Ou seja, não tenho que gastar meu tempo apenas com um cara influente. Tenho que gastar meu tempo com o máximo de profissionais influentes. É uma técnica que faz com que meu nome se torne forte, bem lembrado e com mais credibilidade ainda.

Às vezes, a pessoa foca sua atenção somente na pessoa mais influente que conhece. Com isso, em vez de criar junto algum negócio valioso, vira um encosto.

Comporte-se como quem quer *business*

Como eu queria fazer negócios, precisei investir em relacionamentos com pessoas que tinham recursos financeiros para isso. Usei meu valor intelectual e meu esforço pessoal como moedas de troca para conquistar a confiança de empresários e executivos. Daí, receber deles o aval para sentar à mesa de negociações.

Só assim eu teria a chance de crescer economicamente: Bill Gates, por exemplo, investiu boa parte do seu tempo se relacionando com pessoas que já lidavam com computadores. Seus vizinhos e amigos de infância estavam focados em jogar *baseball*; e ele, aos 13 anos, saiu de perto dos seus amigos e foi estudar em outra cidade.

Se você quer jogar basquete como o LeBron James (um dos maiores salários da NBA, que tive a oportunidade de conhecer), talvez deva investir mais tempo tentando acertar uma cesta do que o coração das meninas mais bonitas da classe.

Uma aproximação com quem está acostumado a fazer grandes negócios exige que você administre o sofrimento de precisar se superar, ser acima da média, em lugares que outrora sua origem não permitiria. Para isso, você já deve chegar *sabendo* quem é e *ter orgulho* de quem é, e não se sentir inferiorizado.

Também não precisa expressar o oposto, querendo ser melhor do que os outros. Eu tenho que ser melhor naquilo que eu sei ser, naquilo que eu sou. É a importância da base. Por isso a educação da base é tão fundamental: para que você compreenda inclusive as suas verdades e os seus limites.

A sociedade incentiva o menino da periferia que, para pegar uma gatinha, precisa ter o tênis bom, o carro bom, a casa boa. Ninguém explica para ele quanto isso custa. Quantos "fecham os olhos" e compram um tênis de R$ 400, sendo que seu salário mal chega a R$ 1 mil? A satisfação imediata com o calçado de grife nos pés acaba alimentando muito mais a ansiedade de querer *ter* para *ser* e *fazer*.

> **Não adianta buscar fora o que é preciso buscar dentro.**

Trabalhe com os melhores, não invente

Um artista que me contrata só vai conseguir o contrato, o projeto, a campanha, o patrocínio que pretende quando me entrega aquilo que ele tem de melhor. Esse "melhor" se transforma no meu negócio, que é fazer o mercado enxergar o valor da sua marca.

Ele é o melhor na sua atividade-base: melhor apresentador, melhor cantor, melhor ator de comédia ou drama. Caso contrário, como é que vou conseguir fazer excelentes negócios para um profissional que quer crescer com aquilo que ele executa mais ou menos?

No meio do entretenimento, todo mundo sabe, a competição é feroz. Eu venho construindo a minha história, a minha estrada, e decido que quero ser o melhor dos melhores. O que preciso fazer? Entender quem eu sou para executar isso.

- O que eu faço bem melhor que a maioria?
- Do que o mercado precisa hoje?
- Qual a imagem que estou construindo?

Quem me procura avaliou tudo isso? Não. Imagine uma modelo que fez uma carreira espetacular mundo afora e me procura para que eu a transforme em apresentadora de TV no Brasil. Se ela não tiver o mesmo talento da primeira profissão para essa segunda, não vai dar certo. Aí, vai me dizer que existem casos que migraram de uma coisa para outra. Sim, concordo. Mas não são a regra, e sim a exceção. E, cá entre nós, uma boa parte contou mais com o famoso QI (quem indica) do que realmente com sua capacidade natural.

Em compensação, um cantor com muitos anos de sucesso no Brasil, que me procura para que eu o projete no mercado internacional, vai obter de mim essa ponte, porque o seu talento está testado e provado pelos negócios que já realizou anteriormente.

Montei uma apresentação para uma celebridade que acumula uma trajetória de sucessos e quer evoluir ainda mais, que me disse:

"Hebert, em todos esses anos, nunca ninguém conseguiu trazer uma explicação tão simples e consistente de quem eu sou hoje".

Eu não inventei. Essa celebridade é tudo aquilo que englobei nessa apresentação, que usarei para criar novos negócios. Mostrar de um jeito verdadeiro é o melhor caminho. E o simples é o mais difícil. Demorei uns trinta dias para ambos ficarmos satisfeitos.

Fale do seu negócio ou só escute

Se não é o meu *business*, eu me calo e só escuto. Quando for o meu negócio, eu falo. Por que perder tempo e energia quando o que está sendo discutido é um negócio do outro? Se tem uma coisa que precisamos entender na vida, é isso, pois as pessoas ficam sempre em dúvida.

> **Eu falo "gente, por que vocês fazem o negócio do outro?" Eu faço o meu negócio.**

Quando eu quero dizer algo a alguém, não falo para o amigo ou funcionário dele. Mas... e se o amigo perguntar "o que eu acho"? Se o negócio não é meu, não tenho o direito de me envolver. Fico calado. Caso ele tenha interesse no meu negócio, quando for a minha fala, eu falo.

Nos momentos em que opto por não expressar a minha visão, só dou ouvidos àquilo que me ensina algo. Se não rende, prefiro gastar energia com outras coisas muito mais aproveitáveis, como ouvir uma palestra, ler um livro.

Sempre procuro me alimentar de conhecimentos úteis. Por que ficar ouvindo falácia? Por que ficar ouvindo todo mundo falar? Eu não. Vou logo procurar uma roda que acrescente algum conhecimento.

Saia do muro, posicione-se

Isso, sim. Aquilo? Sim. Aquilo lá, não. Evite "talvez", "vamos ver", "vou pensar". Pare de adiar decisões importantes. Não confunda os outros. Saia das encruzilhadas. Ande. Destrave seus movimentos. Desobstrua sua estrada.

Uma das consequências de você se posicionar é que demonstra ter brilho próprio. A verdade é que, quanto mais você brilha, mais atrai pessoas querendo apagar. Seja inteligente e busque lidar com quem dá crédito ao seu "sim" e "não", respeita sua postura e colabora para expandir a sua luz.

> A propósito, comece a dizer NÃO. Isso significa escolher onde quer colocar seu tempo e energia.

Busque oportunidades únicas

Essa coisa única é o que faz dar certo, gerar sucesso, angariar respeito e credibilidade. Obviamente é o que acaba incorporando à imagem de algumas pessoas o benefício do valor – que é o trabalho que fizemos com a marca Anderson Silva.

Eu encarei aquela oportunidade como única. Não procurei replicar depois o mesmo êxito com outro lutador, porque cada negócio envolvendo pessoas é ímpar. Assim como um casamento ou relação pai-filho. Ter essa consciência faz a diferença.

Mostre seu valor com seriedade

Graças ao meu acesso ao Jay-Z e a ter conseguido oferecer um projeto com a marca Anderson Silva, ganhei a força comercial de que precisávamos. Nesse *case* eu me preparei e fui convincente.

O pior dos cenários seria aquele astro do *hip-hop* e empresário ter me tratado como se eu fosse um peixe pequeno. Só que não. Cheguei muito bem preparado para negociar e fiz com que entendesse o meu valor. Ele respeitou esse valor ao ponto de, mesmo sem o contrato ter tido continuidade com o Anderson, mantivemos uma relação de credibilidade por anos.

Esse posicionamento é fruto daquilo que aprendi lá atrás lendo *Do You*, livro de Russell Simmons: se eu não tivesse registrado o meu valor ali, não teria deixado a porta aberta. Jay-Z respeitou quem eu sou e não só o que eu estava levando.

> Se a gente não sente que tem valor, não adianta querer encarnar um personagem.

Nunca vou fazer alguém comprar um produto que eu mesmo não compraria. Tenho que me dar valor, para também dar valor a qualquer coisa, situação e pessoa.

Justifique menos e faça mais

Alguns amigos estrangeiros já me disseram:
"Hebert, sabe qual é o problema de fazer negócios com brasileiros? Eu faço uma pergunta, a maioria descreve uma história para dar uma resposta".
Eu concordo. O brasileiro típico conversa com caixa de mercado que só quer saber se vai pagar com cartão de crédito ou débito. Ele responde:
– Crédito, né? É que está difícil pagar as contas no Brasil... dólar alto... só quero ver a fatura que vou receber quando voltar pra casa!
O americano que está no caixa olha para o brasileiro indicando que ele está atrasando o seu trabalho:
– Eu só preciso saber qual a forma de pagamento: cartão de crédito ou débito.
Essa característica faz parte da nossa natureza romântica pobre. Porque somos do Terceiro Mundo. Precisamos de quê? Convencer os outros de que somos legais. Só que aquele caixa do mercado não está querendo saber quanto temos no banco. Ele precisa mais do que nós, tanto que não está viajando em pleno feriado...
Se você já se flagrou fazendo isso, deveria se perguntar: "Eu me sinto culpado, envergonhado pelos dólares que estou gastando? Esse profissional está colocando a minha comida no saco, para eu ir embora, e eu fico justificando que não sou rico?".
É a herança de sermos um povo colonizado, que se sente inferiorizado. Lembra quando falei do menino da periferia? Ele precisa entender quem ele é e o que deseja alcançar exatamente, para saber como se portar num mundo que não é o dele, mas não é nem melhor, nem pior. Apenas tem outro chip.
Como viajo muito e observo o comportamento típico do brasileiro no mundo, percebo que é muito comum ele agir com esse espírito de patinho feio: tentando fazer parte do Primeiro Mundo, mas buscando fora o

que falta trabalhar melhor internamente. Reconheço que temos uma facilidade social gigantesca. Só que ela enche a paciência de executivos estrangeiros, que são mais objetivos, focados em resultados, interessados em otimizar seu tempo e ir pra casa às 6 da tarde, jantar com a família ou amigos. O conceito "time is money" (tempo é dinheiro) não é retórica.

Viva a experiência

Sabe como muitos fazem para ser do Primeiro Mundo? Vão três vezes à Disney em menos de dois anos. Oi?!? Nem quem mora na Flórida pisa nos parques com essa frequência. Mas os brasileiros vão, gastando três vezes mais. Porque precisam mostrar para o bairro, ao amigo, ao pessoal do trabalho que são bem-sucedidos por fazerem ponte aérea Brasil – Estados Unidos.

Sentem-se importantes, mas não aprendem nada lá. Nem ao menos observam o negócio por trás daquele templo do entretenimento, para tirar lições da experiência.

Observo sempre brasileiros nos Estados Unidos fugindo de outros brasileiros, querendo parecer que não são da mesma origem. Chega a ser bizarro. Quando vejo indianos se encontrarem na rua, eles se olham, se cumprimentam e, se possível, ainda constroem negócios juntos.

Tenho amigos que falam:
– Quero ir embora do país.
– Beleza! Você conhece os Estados Unidos? – eu pergunto só para checar.
– Claro. Para morar é melhor que no Brasil. Nos Estados Unidos, meus filhos podem estudar em colégio público e caminhar desacompanhados dos pais, sem correrem perigo.

Respondo:
– Eu, com 8 anos, já ia sozinho pra escola. Andava cinco quilômetros com minha irmã, de 6; nunca fomos assaltados. Meu sobrinho Guilherme, de 9 anos, vai sozinho pra escola, pra ONG e pro inglês. Pega ônibus, metrô. Você acha que lá vai ser rico pagando poucos impostos, como no Brasil, e ainda ganhar em cima dos altos juros?

Essa é a grande diferença entre o empresário brasileiro e o empresário americano: lá, quem tem mais paga mais. Você já fez essa matemática?

Gente formada em faculdade estrelada não faz. Em linhas gerais, os mais ricos pagam menos impostos no Brasil, proporcionalmente à sua renda, e ganham muito em cima da especulação financeira.

Então, está respondido. O pensamento médio é: "Ah, mas eu tenho direito a ter um carro caro, não?". Eu sei que sim. Só que o outro brasileiro que não tem nem chinelo pode querer roubá-lo. A motivação é simples. Você tem um bem material que custa quase dez vezes o preço de uma casa, um teto para ele.

Em geral, temos que olhar para o TODO em cada decisão. Não basta pontuar um fato isolado e querer achar a solução.

Aliás, se não quer determinada situação ruim, mude-a – em vez de tentar "se mudar" com ela. Você pode ir morar na Suíça. Se não resolver consigo mesmo aquilo que o incomoda, não adianta "se mudar" para resolver. **Você até muda de passaporte, mas o dono dele ainda é o mesmo.** O *mindset* ainda é o mesmo.

Melhore-se para melhorar suas condições

Russell Simmons ensina como lidar com a falta de diversidade. Mais importante do que ficar se lamentando é procurar entender esse fator como existencial, e que você precisa conviver com as diferenças. Isso melhora a sua relação com a vida e traz mudanças. Eu me identifico com vários nomes americanos porque eles buscam soluções, em vez de esperar que o mundo mude. Usando seu conhecimento, inteligência, força de vontade, resiliência...

Como é que se coloca na cabeça de uma pessoa que passa fome que seu vizinho paga vários salários mínimos para trocar de celular? Refletir sobre isso faz a gente pensar que precisa melhorar no SER, e não só o TER e o PARECER.

Quem só pensa em se mudar para um condomínio fechado a fim de se isolar da violência, está na verdade se isolando sem evoluir. Dessa forma, não faz nada para que outros evoluam também, e a sua omissão colabora para sermos um pouco mais animais.

Veja o exemplo do bairro do Morumbi, em São Paulo: é o mesmo de onde o governador despacha. A mulher que mora em Paraisópolis, favela na mesma região, trabalha em um apartamento de muitos metros quadrados, com piscina na varanda, bem próximo do seu barraco. Ela vai a pé. Só que o filho dessa doméstica pode resolver assaltar a patroa no semáforo.

Tem algo errado nessa dinâmica. Se no mínimo esse menino soubesse que a sua vítima é a patroa da mãe dele, pensaria duas vezes porque ela traz comida para a casa dele. Mas como eles não se comunicam, ficam isolados por muros sociais, reforçam a mensagem de que são "diferentes".

Eu imagino um diálogo mais ou menos assim:

– Eu mato você e está tudo certo. Nunca gostou de mim mesmo! – diria o garoto sem escola, sem perspectiva, com os pais ausentes.

– Garoto, sou eu que emprego a sua mãe – a patroa se apresenta.

– Eu não sabia, porque você nunca me convidou para nenhum aniversário da sua filha.

Parece que a gente está falando de algo arcaico, já que achamos que atualmente estamos todos conectados. Mas esse desencontro permanece.

Nem é preciso assistir à novela das 6 da Rede Globo. Quando o indivíduo se vê longe da senzala, quer ser dono de empresa agindo como um senhor de engenho. Ou seja, quer continuar batendo na senzala. Daí, não pode sair de casa em segurança. Fica preso no seu carro blindado, no condomínio fechado.

Não deveria ser assim. Chega de querer fazer negócio com o conceito ultrapassado de que você só vai ganhar dinheiro se tiver muitos funcionários e ficar pisando na cabeça deles. O retorno costuma ser na mesma frequência.

> **Em resumo, em qualquer lugar, continue sendo quem é (seu CPF) e extraia de cada situação algo de útil para pavimentar a sua estrada (seu CNPJ).**

Não é porque estou em Los Angeles, Londres ou Milão que faço o tipo "Olha onde eu estou, gente!". Tenho consciência de que, quando volto, tem uma fatura do cartão para me lembrar de que glamour não paga conta.

Sem confiar, melhor nem começar

Diante de um profissional que é muito bom naquilo que faz, eu tenho que usar a minha habilidade para criar oportunidades para ele. Mas a essência do negócio também vem dele.

Para uma escritora que quer ficar mais conhecida, eu posso dizer: "Você já lançou algum título por aquela editora renomada? Não? Então, eu vou apresentá-la ao diretor editorial; e depois de pronto o novo livro conseguirei fazer o que você está me pedindo".

Para um ator-revelação, talvez fale que topo agenciá-lo desde que eu possa fazer aquilo que considero importante. Por exemplo, mudar o nome artístico. Em alguns casos, esse cliente que procurou a Kal911, sabendo que lida com as negociações do entretenimento, responde:

– Não, não aceito, não quero.

– Tudo bem, vamos tomar uma cerveja? – respondo, deixando claro que só trabalho naquilo em que acredito. Mas podemos ser amigos.

Eu tenho experiência e segurança suficientes para indicar um caminho. É aquele em que acredito, que considero o melhor para o objetivo dele. Eu sou o Michelangelo, o Beethoven daquilo que eu faço. Se esse cliente me procurou é porque precisa alcançar determinado patamar profissional, e nós vamos chegar nele desde que haja essa confiança.

Não se abata, reaja

Olhando para tudo o que fiz, constato que o primeiro ano da H.A.M.nyc basicamente serviu para eu entender esse mercado de áudio. Quando um dos sócios saiu (início de 2016), a empresa quebrou. Eu tive que reestruturar tudo, junto com o Max de Castro.

Aquele ex-sócio, da noite para o dia, abriu um escritório em São Paulo sem nos avisar, e nem ao sócio-investidor. Como ele já tinha vinte anos de mercado, seduziu os clientes a segui-lo. O que eu fiz? Pensei: "Já que é pra ser assim, vou montar uma nova empresa, recomeçar do zero, mas agora eu já sei como é que faz".

Como eu já disse anteriormente, o brasileiro rala muito e sofre muito também. Tenho hoje o **orgulho de dizer que demos a volta por** cima. O dinheiro que entra paga as contas; e ter *payback* (retorno do investimento) é só uma questão de tempo.

Sofri o que eu tive que sofrer, montei a melhor equipe possível, tenho credibilidade internacional. Juntando tudo isso, ainda que o Brasil tenha entrado e esteja saindo de uma crise, estamos de pé. Não só.

A H.A.M.nyc é uma das poucas empresas nesse segmento em condições de dizer "nós somos inovadores". Porque é o que estamos fazendo desde que lançamos nossa proposta em Nova York, trazendo-a seis meses depois para o Brasil: mudar os paradigmas do mercado nacional, valorizando a produção de áudio na publicidade.

Dê o que seus liderados precisam

Como eu já disse, a H.A.M.nyc vai muito bem, obrigado, porque sou o líder de um pessoal competente que rala, sofre e faz acontecer. Liderar abrindo a mente das pessoas é muito melhor do que querer manipular a mente de seus clientes, amigos, funcionários.

Procure saber do que seus liderados precisam, quais são as necessidades deles, e não as vontades. Uma mãe, quando educa um filho, faz isso o tempo todo. Não dá um eletrônico caro só porque a criança quer. Se ela cresce compreendendo isso, mais facilmente se adapta ao mercado dos negócios.

Meu pai falava:

"Se não tem garagem para guardar o carro, vai comprar pra quê?".

No fundo, não era hora de eu ter um carro. E ele fez as colocações certas para provar. Abriu a minha mente, e é o que eu procuro fazer hoje com meus funcionários e clientes.

Sofra por aquilo que escolhe

Se esse potencial cliente não acreditar, não confiar no caminho que eu proponho, não tem problema. Está tudo certo, assunto encerrado. Não desanimo. Tenho a autoestima bem resolvida. Quem eu preciso do meu lado, já tenho. O que eu quero fazer, já faço.

E, como eu disse no começo deste livro, devemos sofrer por aquilo que escolhemos, não porque alguém falou "você vai ter que..."

Não há nada mais prazeroso do que poder dizer lá na frente: "Fiz o que queria durante a minha vida". Dinheiro não vai dar isso. Casamento não vai dar isso. Faculdade tampouco. Ser dono de empresa ou político não vai dar isso. Todos, rei ou plebeu, morrem pensando no que poderiam ter feito.

Comecei a minha palestra em uma conhecida universidade, dizendo aos universitários:

"Você quer mesmo isso?".

O reitor me olhou, surpreso. Continuei:

"Essa é a pergunta que cada um deveria ter feito ao iniciar o curso. Para seguir confiante de que será o melhor nessa profissão que escolheu. Caso contrário, se dez pessoas falarem mal de você, sentirá insegurança, vai tropeçar por não fazer o que deveria. Sua carreira acaba. Eu consegui chegar até aqui sem ter cursado uma faculdade. Cada um de vocês tem essa oportunidade. Como estão aproveitando este campus? Valorize-o, mas não só isso. Também exijam aprender o máximo. Assim, vocês evoluem, crescem. Estar aqui só para cumprir tabela e pegar um diploma significa que ainda não sabem usar bem o seu tempo nem a sua energia. Pensam em fazer isso quando? Vão esperar que um profissional mais preparado e hábil 'dê um pau' em vocês na hora de fechar um negócio?".

Saiba a hora de parar

Insista, mas também saiba a hora de sair de um movimento e ir para outro. Parar não precisa ser igual a estacionar. É mudar. Focar sem restringir sua visão.

Não é uma decisão fácil, mas necessária. Outro dia, eu conversava com o músico Junior Lima sobre o término do meu trabalho com o Anderson Silva, e ele relembrava quanto foi difícil terminar com a dupla Sandy & Junior.

Eu tanto entrei na vida do lutador quanto saí no momento certo. Alguns diriam que foi obra de uma força divina. Outros, que tive uma visão de longo alcance, *feeling* de quem trabalha com negócios e pessoas. Como eu explico? Tem a ver com os movimentos.

Se eu tivesse só o Anderson no meu radar, se só ficasse aos pés dele, como um empresário bajulador do cliente, não conheceria mais nada no mercado. Não teria outras relações, conexões, possibilidades.

Quando você não se acomoda, continua se movimentando, aproveitando as oportunidades para outras coisas e focado em trazer resultado, tem uma convicção e uma sensibilidade muito mais apurada. Então, não foi nada divino ou sacada de expert. Eu simplesmente entendi que o momento estava virando, que era a hora de uma mudança – tanto para a minha vida quanto para a vida dele e para o esporte.

Principalmente quando você teve sucesso, a tentação é de esgotar, resistir a pisar no freio. É natural que se apegue à parte gostosa, que massageia o seu ego ("Estou num palco, todo mundo me aplaude..."). Mas quem tem visão de negócio precisa ser firme para decretar à outra parte envolvida: "Essa história já deu, fim".

Minha esposa, por ser artista plástica, lida constantemente com isso. Tem a hora de afastar o pincel. Se ela fizer um pouquinho mais, estraga a imagem que projetou inicialmente. Aquele tronco que havia pintado lindamente é capaz de virar palito de fósforo de tanto que afina, se a artista literalmente carregar nas outras tintas ao redor. E agora? Não tem volta. Já é um palito de fósforo.

Tento fazer o mesmo com a minha vida. Eu soube a hora de parar de ser *roadie* para ser muito mais, aprender muito mais, fazer muito mais. Portanto, nunca é paralisar. Significa sair de um movimento para ir para outro.

Tenho uma amiga cuja carreira de modelo fez a curva. Ela está trocando de movimento. Então, sugeri:

– Você devia tentar ir para Nova York.

Ela nunca foi. Já morou em Pequim, em Londres e em Dubai.

– Mas por quê?

– Porque vai chegar lá e se deparar com pessoas que falam inglês tão bem quanto você, só que estão se matando para viver sem qualquer luxo e conforto. E a maioria é ex-modelo. Ou seja, são pessoas tão bonitas quanto você, com família na Rússia, no Japão, na China, e escolheram batalhar por um lugar ao sol em Nova York.

Seria ótimo para essa amiga tirar da cabeça a ideia de que, só porque é bonita e dona de uma carreira bem-sucedida como modelo, sua vida vai ser mais fácil. Não vai. Quer trabalhar com moda? Vai costurar, furar os dedos com as agulhas, e depois poderá fazer essa opção.

Não é porque teve sucesso como modelo, profissão que iniciou aos 12 anos, que vai brilhar como blogueira de moda. Com 24 anos, está caindo a ficha de que precisa parar e pensar em como vai começar algo diferente, em outra velocidade, num novo movimento. Reinventar-se!

Invista em sua rede de apoio

Muita gente tem dificuldade de entender que não dá para ir longe sozinho. A vida é feita de dores e delícias, e ter amigos é importante para diminuir a soma de dores.

Para dar um exemplo, aluguei pelo Airbnb uma casa bem localizada em Cannes, para ir ao Festival de Publicidade. Até que recebi a notícia de que os donos haviam cancelado, em cima da hora, por motivo de força maior.

Comecei a buscar outros lugares, mas não consegui. Tudo lotado ou custando fortunas. Saí do Brasil para Miami, depois viajaria para a Itália, e de lá pegaria um carro para chegar ao sul da França. Já estava nos Estados Unidos sem saber onde dormiria em Cannes.

Por que eu solucionei o imprevisto e não perdi o evento? Porque invisto em pessoas que cuidam de mim também. Amigos na Europa que estariam comigo. Amigos que buscaram informações para me ajudar. Minha esposa e melhor amiga, que pesquisou e conseguiu encontrar tarifas mais acessíveis enquanto eu voava de madrugada.

Quando cheguei ao aeroporto de Miami, tinha novas opções. Então, penso assim: eu consigo aplacar as dores (tanto as de um sócio que me dá uma "volta", me surpreende negativamente, quanto as das questões do dia a dia que dão errado), quando tenho uma rede de apoio para me ajudar a levantar e a ter força para encarar.

Quando você investe nas pessoas que podem se tornar amigas, nunca vai estar sozinho. **Redobra a autoconfiança, se movimenta e faz a solução aparecer.** Nas palavras do meu amigo e sócio Max de Castro, "se der errado, deu certo".

Preciso dizer que o Max continua nessa atual jornada com a H.A.M.nyc, que só consigo manter por causa dos movimentos que fazemos juntos. Ninguém nos segura, pois nós somos a essência desse negócio.

PARTE 6

NO FINAL É ISSO, A SENSIBILIDADE DO SEU CORAÇÃO

Vamos entender que o mundo é maior. Que há uma porção de negócios para fazer. E que, ao conhecer e escutar pessoas relacionadas com seu mercado, você apura seu *feeling* e sua sensibilidade para seguir seu coração. No final é isso: a sensibilidade do seu coração é o sexto sentido de quem empreende, digamos assim.

Quando você busca ter sempre mais conhecimentos e relacionamentos, focado em trazer resultados, continua se movimentando. Aproveita as oportunidades para fazer coisas novas e ganha convicção para se arriscar ainda mais, além de uma sensibilidade apurada.

Costuma-se dizer que o único inimigo que verdadeiramente temos somos nós mesmos. De fato, somos o que fazemos com a nossa própria vida, o que construímos apesar dos inevitáveis tropeços. Todas as decisões que nos afetam dependem de dizermos "sim" ou "não". Como eu disse no início do livro, não acredito em "talvez".

> **O segredo de tudo está justamente na maneira como lidamos com nossas escolhas.**

Eu já deixei minha assinatura em várias realizações, fiz de tudo um pouco. Como estou vivo, sinto que ainda tenho muito para concretizar. Gosto de desafios grandes. Acima de tudo, quero fazer e fazer. Eu nunca paro. E quero incentivar você a nunca parar também.

Com apenas 11 anos de idade, escrevi uma peça de teatro com minha amiga Gabi. Fizemos isso porque eu não tinha gostado da peça que o pessoal da igreja havia determinado para montarmos. Em vez de lamentação, ação.

Eu me recordo de, aos 13 anos, ficar amigo do Chicão, um cara mais velho, e me arriscar a sair com ele, pois desejava ir além dos repetitivos assuntos e comportamentos dos adolescentes da minha faixa etária. Eu antecipei muitas coisas!

Como você já sabe, vendi shows de bandas e precisei lidar com dinheiro desde os 16 anos. Dois anos mais tarde, eu já viajava pelo país como profissional autônomo. Segui fazendo vários trabalhos, alguns de grande escala e valor, se considerar a minha pouca idade e circunstância.

Fui produtor de shows internacionais. Como assessor executivo, entrei em lugares como o Senado americano, na mesma sala em que estava o Barack Obama. Na África, estive com presidentes; e no Brasil, negociei com empresários de peso.

Em Los Angeles, conheci grandes nomes de Hollywood. Gerei negócios publicitários no Brasil de enorme repercussão e impacto enquanto cuidei da carreira do Anderson Silva.

Enfim, antes de completar 40 anos eu já era empresário, casado, bem-sucedido, líder, patrão, motivador, amigo e profissional respeitado. Com as questões materiais e emocionais resolvidas, chego até aqui tendo a certeza de quem eu sou e do que quero para os próximos 40 anos.

> **Sou realizado, se considero tudo que já vivi. Pois eu sou movimento e estou em movimento. Logo, existo.**

Ao ler as obras de Aristóteles, tive ainda mais clareza de que a vida é definida por movimentos. Tudo é formado pelo nascimento, crescimento e morte. É o ciclo da natureza. Trazendo para os dias de hoje, você precisa de dinheiro para se movimentar. Mas é importante fazer o balanço entre custo e benefício e achar a melhor maneira de não se tornar refém dele.

É dessa maneira que eu faço a gestão da minha estrada. Invisto em negócios, gasto muito com viagens e mais ainda para me relacionar. Não há garantia de que vai dar certo, e sim expectativas e pavimentação de terreno. Não tenho certeza de qual será meu retorno. Mas eu pergunto: quem é que tem certeza de alguma coisa? Ninguém tem.

No final da vida só existe a certeza de que a gente vai morrer. O resto é aprendizagem por tentativa e erro, como caminho para o acerto. E nessa tentativa eu tenho que buscar ao máximo a perseverança e a paciência.

Conhece-te a ti mesmo

O rei Reginaldo Rossi me disse algo muito interessante, mostrando que temos de deixar a hipocrisia de lado e nos valorizar:

"As pessoas falam que eu sou brega, mas, se traduzissem as músicas dos Beatles e do Frank Sinatra, mudariam de pensamento".

Ele tinha razão. Se analisarmos as músicas de "sofrência" das duplas sertanejas atuais, percebemos que o Reginaldo Rossi já cantava sucessos nesse estilo fazia tempo. Reginaldo foi tão importante para a música quanto outros cantores nacionais e internacionais. E ele sempre soube disso.

Então, todo profissional precisa ter a percepção de quem é e determinação para construir uma estrada da qual se orgulhe, mesmo que isso demore. A sociedade vai tentar decidir os passos no seu lugar e ainda fazer cobranças e críticas. Não perca tempo e nem energia com isso.

Assuma a autorresponsabilidade de fazer o que realmente quer e é o certo. Essa postura pode se aplicar a tudo, desde carreira a casamento, passando pelas amizades. Sua verdade vale muito mais do que a aposta de quem não vive na sua pele.

Na sociedade atual, a busca por status e aprovação tornou-se o engano para o sucesso. Cada vez mais as pessoas querem ser reconhecidas, e assim conquistarem pela ótica alheia alguma recompensa. Importa menos ganhar dinheiro e ter realizações, do que falar e fazer coisas para mostrar ao outro que você é alguém.

As redes sociais estão aí para provar. Quantos vivem ansiosos por um elogio! É um elogio pelo nada. E, por não saberem quem são, apelam para mostrar poder, expondo particularidades e privacidade. Uma foto precisa ter luz, local, roupa e olhar sexy para chamar atenção; ou algo bizarro e engraçado para manter a audiência atenta até o final da mensagem. Fuja dessa!

Termino este livro sem me cansar de dizer: só entre em qualquer tipo de relação (de negócios, de amizade, de sociedade, de namoro...) entendendo primeiro quem você é e o que está fazendo ali. **O seu papel precisa estar muito claro.**

Eu não inventei isso. Os filósofos já avisavam: "Conhece-te a ti mesmo e conhecerás os deuses e o universo". O primeiro passo que você pode dar para obter o verdadeiro conhecimento, incluindo sobre negócios, é se conhecer. Se quiser conhecer o mundo à sua volta além da janela do ônibus, como eu fazia quando era office boy, deve em primeiro lugar conhecer quem você é realmente.

Ter conhecimento e conhecer a si mesmo é um processo, uma busca que não tem fim; a cada dia deve aprender mais e mais. O processo de autoconhecimento vai mudando (tomara que para melhor!) a forma como você interage com sua realidade, suas possibilidades e com as outras pessoas.

Faça 100% a sua parte

Você determina seu sucesso quando não precisa pegar o sucesso do outro, quando usa bem seu tempo para se preparar, se movimentar, corrigir as próprias falhas e entrar no jogo 100% para vencer. É como dirigir: eu preciso saber dirigir 100%, e não apenas 50%, esperando que um copiloto compense o que eu não sei.

O volante da sua vida está em suas mãos, no seu controle. E eu desejo que você vá muito mais longe. Portanto, entre em qualquer coisa para dar 100%, junto com outras pessoas que também entrarão dando 100%. E se não der certo...

Para não "morrer" junto com cada negócio que finda, também é preciso aprender a se reinventar. E isso, às vezes, tem a ver com abrir mão daquilo que parece ser garantido, vantajoso ou bonito. Não se acomodar com o que é mais palpável, glamoroso e fácil.

Na minha estrada, muitas vezes eu simplesmente entendi que o momento estava virando, que era a hora de uma mudança para minha vida. Sigo nela me reinventando depois de mais de vinte anos nos mercados artístico e esportivo. Ela me levará lá longe...

Movimentar a vida acreditando que é para melhor faz com que a gente trilhe um caminho de paz. Dá sentido e significa que vai sofrer por aquilo de que gosta. As consequências, mesmo que pareçam ser negativas, farão parte do seu processo de realização.

Às vezes é preciso escolher a hora de ser feliz e a de ter razão. Porém, as duas coisas devem ser guiadas pelo coração, a fim de que encontre sua paz interior. Você precisa ter isso muito forte, principalmente naqueles períodos de maior dificuldade.

Agora mesmo vivo um momento de ampliação de negócios, o que envolve altos riscos. A tendência seria me acomodar com o que já conquistei, pensar que a economia do país não está convidativa e... blá-blá-blá. Mas, da mesma forma que limpei chão de posto de gasolina em 2005 enquanto melhorava meu inglês – a língua oficial dos negócios –, continuo me arriscando, seguindo meu coração e fazendo o que estou fazendo hoje.

Aprenda a recomeçar

Cada passo dado para uma nova realidade exige que eu continue acreditando, que eu mantenha o que conquistei e que eu ampare quem ainda ficou do meu lado. Além disso, me energizo com aquelas pessoas do meu passado, que me olham e pensam: "Esse aí, ó, não foi para o crime, não mexeu com drogas, escolheu caminhos certos e voou".

Eu vivo aproveitando as chances de mostrar que é possível sair da periferia não apenas como jogador de futebol ou cantor. Este livro foi uma maneira de expor a minha trajetória de ser humano que não

deixou de sonhar e que ralou para chegar aonde chegou. E isso **é possível para todos.**
    Significa evitar errar duas vezes no mesmo lugar. Quando a gente acha que já aprendeu tudo, é hora de reaprender. E eu só vou em frente porque acredito em mim, sei que posso construir mais e confio no meu coração.

> **Mudanças nos fazem acreditar ainda mais em nossos sonhos.**

    Para quem precisa de um incentivo final, eu digo:
– Cara, acorda.
– Eu estou triste porque não consegui viver o que eu sonhei – essa resposta é bem comum.
– Não conseguiu porque você não quis – eu provoco.
– Mas agora eu não posso mais.
– Lógico que pode. Recomece!
    Em 2012, seis anos depois do lançamento do filme sobre sua escalada de sem-teto a investidor milionário, Chris Gardner mudou novamente. Foi devido à morte de sua mulher, aos 55 anos, vítima de câncer.
    Ele conta em sua palestra *À Procura da Felicidade* que estava muito triste, tentando de todas as formas salvar a vida dela e repetindo que não queria perdê-la. Nas últimas conversas que tiveram, ele disse:
– Eu não posso viver sem você.
– Aprenda a recomeçar.
    Aprenda a recomeçar... É lindo e verdadeiro. Todos os dias você precisou levantar da cama e recomeçar. Já pensou? O relógio zerou. E o tempo de ontem não voltará. O novo dia clareou.
    O investidor, vendo como a vida pode ser curta, reinventou-se como autor de livros e palestrante. Ficou na estrada 200 dias por ano na última década, falando para auditórios lotados em mais de 80 países. Além disso, patrocina organizações que apoiam os sem-teto e combatem a violência contra as mulheres.

Concordo com Gardner quando diz que o valor da fortuna de uma pessoa pode flutuar, mas seus valores como pessoa têm de ser fixos. Eis uma excelente bússola para encarar seus próximos dias e anos.

No Brasil, em 2017, ele reafirmou a importância de termos um plano A. Para quem ainda precisa descobrir, a sugestão desse mestre é simples: vá escovar os dentes e seja honesto com a pessoa que vê no espelho, sobre como mirar seu sonho principal e manter-se firme nele.

Defenda-se melhor e ganhe a luta

Gardner é um intelectual das ruas e desmente a teoria de que somos produtos do ambiente em que vivemos na infância. Ter crescido com recursos extremamente limitados o ajudou a ser um empresário que sabe utilizar muito bem o dinheiro e os relacionamentos conquistados.

Eu me identifico com isso, e sugiro aos caras que passaram parte da vida em salas de aula que procurem ir mais para as ruas. Depois de escovar os dentes e de ter um *tête-à-tête* com a própria imagem no espelho, vá escutar outras pessoas, observar os movimentos delas e se movimentar junto.

Na volta dessas interações com o mundo lá fora, passam tantas coisas na minha cabeça que tenho até que tomar cuidado; senão, o HD mental trava.

Nas muitas conversas que eu tive com o Anderson Silva, ouvi uma coisa de grande valia: o lutador que leva a melhor não é o que dá mais golpes, é o que se defende muito bem. É assim que se ganha.

> **Vence a guerra quem menos perde homens, e não quem mata mais no campo de batalha.**

Fazendo uma equivalência com o universo dos negócios, ganha quem menos perde tempo e energia com o que faz andar para trás. Ganha quem procura viver bem e colabora para que mais pessoas vivam bem também.

Continue correndo atrás, trabalhando duro, criando chances de trazer resultados inclusive financeiros – sabendo que o mais importante de tudo é o tempo que dedica à sua vida. É o tempo que dedica às pessoas com quem se importa. É o tempo que dedica àquilo em que acredita, fazendo disso seu ganha-pão.

Os meus 28 anos de vida partilhados neste livro, desde a adolescência, me descobrindo como pedreiro e escrevendo a peça de teatro na igreja, até o aniversário de 40 anos, parecem muito tempo. Porém, representam uma pequena etapa de tudo que ainda está por vir e por fazer.

E você? O que já fez, faz e vai fazer para se movimentar e, assim, continuar existindo?

Informações e relações não faltam para complementar nosso ser e nos possibilitar seguir **novos caminhos, novas escolhas**. A única escolha que eu rejeito é a do escapismo, buscando só curtição, ficando "out", como fazem vários jovens que encontro durante as viagens a trabalho.

Na minha passagem de ciclo, com 40 anos, percebi que aquilo que mais o ser humano vem buscando não é ter *o que* contar, e sim ter *para quem* contar. Essa mudança de paradigma ajuda a não viver só por viver. Bate a vontade de fazer algo que seja, no mínimo, inspirador.

Volto à minha vida e vejo que o que eu faço, o que eu realizo tem como objetivo provar que amo alguém, amo trabalhar com entretenimento, amo ter prazer e amo fazer com que mais amor circule por aqui, por aí, por ali...

> Eu amo fazer o que faço, amo tudo o que fiz.
> Quero também amar o que vou fazer amanhã.

Dizer que ontem já foi, que amanhã não existe e que o lema deve ser "viva o hoje" é muito pouco, se avaliarmos o legado que podemos deixar com a nossa passagem na Terra – desde que a gente administre inteligentemente o tempo, riqueza maior dos tempos contemporâneos.

Por tudo isso, eu quis registrar minha mudança de ciclo, aos 40 anos, escrevendo este livro. Minha ideia inicial era motivar as pessoas com a minha história e, é claro, ganhar reconhecimento pelo que elas leriam. Talvez fosse mais fácil postar *selfies* na Internet mostrando o que faço. Ganharia muita audiência sendo visto com celebridades e em lugares únicos pelo mundo.

Só que eu construí na minha cabeça uma matemática que pratico na vida, e já falei dela aqui. É a do 1 + 1 = 3, pois é muito mais gostoso quando a soma do Eu + Alguém é = a 3, e não 2. Somos indivíduos. Porém, duas pessoas precisaram se movimentar um dia, se amaram, para estarmos vivos hoje.

Entre viver para mim ou morrer por alguém, é muito melhor quando nos unimos por **algo maior que fazemos juntos.** Com isso deixamos de competir para ver quem ganha, quem fica mais rico.

Movimentar-se é a melhor decisão. Arriscar-se por um ideal traz grandes aprendizados. E viver é uma missão divina, que não pode ser desperdiçada. Essa é a mensagem que escolho para as páginas finais deste livro, respirando fundo e dizendo a mim mesmo: "**Ufa, agora somos 3**".

Sua maior disputa não é com os outros, é com você mesmo para trazer mais gente para o seu propósito.

Acima de tudo, progrida

Depois de dividir não só minha história, mas meus movimentos de vida, quero continuar aprendendo muito com os outros, mas acima de tudo aprendendo JUNTO quem somos, quem éramos e quem queremos ser.

Esse exercício é constante e nos faz...

... entender a importância de movimentar com destino certo. Para termos certeza de que o sacrifício, o esforço, a ideia realizada está valendo (muito) a pena.

... reconhecer de onde saímos e até onde chegamos, ganhando orgulho de nós mesmos e autoconfiança.

... compreender que movimentamos a vida de muitas pessoas quando tomamos decisões, sejam elas pelo "sim" ou pelo "não" (saiba que você influencia; suas palavras têm valor conforme o preço que você paga pela sua vida).

Não tenha atitudes gratuitas, mas seja grato sempre a você mesmo. E, todos os dias, acorde com a certeza de estar fazendo sua parte, construindo sua estrada e decidindo seu amanhã.

As amizades, os trabalhos, os estudos, as viagens, os produtos que você comprar – sejam eles roupas ou celulares, casas ou carros – devem vir colados nas perguntas: está fazendo por você ou pelos outros? Esse desejo é algo que se movimenta interna e inteiramente? Ou você quer movimentar suas redes sociais?

Já li diversos livros, e vários autores sempre dizem que, quando começa a viver pelo que os outros pensam de você, a chance de falhar é enorme. Porque sua consciência não está mais a seu serviço, e isso vai tirá-lo do foco.

Eu me recordo da vergonha que sentia de demonstrar que havia errado o ponto de ônibus quando trabalhava como office boy, e esse era o meu principal meio de transporte. Não queria que alguém me visse "falhando". Assim como usei celular de mentira logo que os aparelhos chegaram ao Brasil (pensava "o que vão pensar de mim se eu não tiver um?").

Hoje, tenho a convicção de quem eu sou. Sei quanto lutei para chegar até aqui e consigo perceber que fiz progressos.

Não só corra.
Não só movimente.
Não só faça.
Acima de tudo, PROGRIDA.

Nesse dia, você vai saber lidar com os momentos de tristeza, de fraqueza, de preocupação, de notícias ruins. E conseguirá perceber o que já fez, quanto já conquistou e quanto foi capaz. Você fez, realizou, porque não só teve sonhos, mas sim objetivos. Criou notícias boas para você.

Seja corajoso consigo mesmo e progrida ainda mais.

Disciplina e consistência todos os dias: planeje, erre, trabalhe. Faça o que precisa ser feito POR VOCÊ. Viva pelas suas razões.

Você é inteligente. Então, desenvolva suas capacidades e acredite nas oportunidades de vencer.

A vida é viagem sem volta, passagem só de ida. Se não fizer acontecer, sua própria consciência vai cobrar mais atitude. E é nesta vida, é neste "agora" que o seu MOVIMENTO fará sentido para o seu PROGRESSO.

Movimente sua mente, sua alma, sua vida. Seja você quem mais cuida de si mesmo – e estará cuidando também dos outros.

Fui, preciso começar a escrever meu próximo livro e lançar quando estiver comemorando os meus 80 anos de MOVIMENTOS.

See y'all later.

Hebert por quem conhece Hebert

Um ser humano incansável

Hebert é um ser humano que começou de baixo. É um lutador. É uma pessoa que agrega amizades, extremamente carinhosa, talentosa e corajosa. Tem operações em vários países. Foi um cara que ajudou muito o Anderson Silva a formar sua marca no Brasil. É conectado, um líder e um grande amigo. O sucesso que ele tem é fruto do trabalho duro que faz todos os dias. Incansável.
Sergio Amado – presidente do Grupo WPP no Brasil

Afinal, o que é sorte?

Em um momento difícil da minha vida conheci o Hebert, estava desempregada e depressiva, então decidi representá-lo com a Sony BMG em Nova York na negociação do maior artista gospel, Kirk Franklin.
Hebert sempre me inspirou muito por trabalhar duro e nunca desistir. Aproveitava os intervalos nas reuniões para ir a Miami estudar inglês, e evoluiu para onde está hoje. Pessoa incrível, que soube passar por tantas coisas e sair do outro lado vitorioso. Ele me faz pensar muito sobre a palavra sorte. É o encontro da preparação com a oportunidade, e isso esse profissional tem de sobra, pois sempre está pronto para trabalhar.
Sem saber, ele transformou a minha vida.
Vernice Watson – empresária da indústria da música nos Estados Unidos

Pontes conscientes e vitoriosas

Hebert, na verdade, nasceu revolucionário, contestador e indignado com as diferenças sociais e raciais. Foi por isso que a natureza proporcionou nos juntarmos: eu, um artista já consagrado no Negritude Júnior; e ele roadie da banda. Só que esse cara se diferenciava de todos os outros por ser dedicado e querer sempre aprender mais.

Logo vi a oportunidade de tê-lo como meu produtor particular. Daí pra frente fui uma ponte consciente para que ele pudesse ter outros relacionamentos. Foi apenas questão de tempo. Nada poderia deter sua garra e vontade de vencer. Aliás, VENCER é a palavra que mais descreve a personalidade do Hebert Mota.

Netinho de Paula – músico, empresário, apresentador e político

Sabedoria e força

Um cara que vive agitado e tem um jeito único de se impor. Ele se engaja no que acredita, mergulha com força. Sempre à procura de novidades, não tem medo.

Essa sabedoria de juntar as dificuldades da favela com o universo empresarial, trazendo ainda um pouco do mundo da igreja... nenhum MBA oferece. Eu não conheço ninguém com tamanha capacidade de fazer relacionamentos e de conhecer gente nova como o Hebert.

Marco Aurélio – empresário

Querendo emplacar novas ideias

Hebert sempre foi determinado e antenado com as novidades. Queria estar ao lado de pessoas que também gostavam de renovar nos shows. Eu sempre vi nele muita vontade de crescer. Era técnico de som quando o chamei para vir junto com a gente. Somente abri um caminho para aquilo que ele já estava fazendo.

Gil Pereira – empresário

Oportunidades são criadas

Conheci o Hebert no tempo da escola. Como ele faltava bastante para viajar com as bandas, contava comigo para copiar as matérias, passar as lições... Ele tem como característica movimentar tudo e todos. Sempre acreditou ser possível conquistar aquilo que uma pessoa quer. Mas é importante criar as oportunidades, e não ficar parado esperando que elas batam à porta.

Além de sua trajetória ser uma fonte de inspiração, ele sempre me incentivou a estudar. Tanto que cursei até o quarto ano de Direito. Falava da importância de aprender inglês e esteve do meu lado quando encontrei o meu caminho em finanças.

Camila Martinelli – analista financeira

Amor, trabalho, públicos

Fazer arte impõe estar em movimento para criar as peças, buscar referências e inspiração, divulgar o seu trabalho. E o Hebert sempre foi um dos maiores impulsionadores da minha carreira. Nem meus pais acreditavam tanto no meu talento e curiosidade.

Denise Flesch – artista plástica